暮らしの中のカウンセリング入門

心の問題を理解するための最初歩

神戸松蔭女子学院大学
人間科学部心理学科 編

Introduction to Counseling in Everyday Life

北大路書房

はじめに

「カウンセリングについてもっと多くの人々に知ってもらいたい」——そういう思いから本書の企画は始まりました。

急速に複雑化する社会において、現代人が抱える心の問題は多様化し、いわゆる心のケアを必要とする人はますます増えているといわれています。しかしながら、わが国ではカウンセリングを受けることにあまり馴染みがなく、カウンセリングは特別な人が受けるものというイメージはまだまだ払拭できていないように思われます。そこで、「カウンセリングとはどんなことをするのか」「カウンセリングはどうして役に立つのか」などをできるだけ幅広い読者層の方に知っていただく必要があると考えたのです。

本書では、神戸松蔭女子学院大学の教員スタッフがそれぞれの専門的立場からカウンセリングについてできるだけわかりやすく解説したつもりです。本書を通してカウンセリングというものをもっと身近に感じていただくとともに、読者の皆さんが少しでも生きやすくなるためのお手伝いができればと願っております。

また、私たちの日常生活において問題の解決に役立つのは何もカウンセリングだけではありません。本書では、臨床心理学以外の基礎心理学の観点からも、よりよく生きるための方策を提案してみました。特に高校生や大学生の皆さんには、心理学は面白くて役に立つ学問であるということを知っていただき、これから心理学を学ぶ一つのきっかけになればと考えています。

このように本書にはユニークで、かつ多彩な内容が盛り込まれていますが、これは本学教員が得意とする専門分野がバラエティに富んでいることを示すものであり、本学の特長の一つともいえるでしょう。

この本を手に取る読者の方にはご存知の方も多いでしょうが、公認心理師法案が成立し、心理職が国家資格化されました。臨床心理学をはじめ、心理学が社会において果たす役割は今後ますます重要となるでしょう。本書を通じて一人でも多くの方が心理学やカウンセリングに興味をもっていただけることを、執筆者一同心より願っております。

二〇一六年六月

執筆者を代表して

心理学科長　大和田　攝子

目次

第１章　カウンセリングでは何をするの？

カウンセリングという言葉をよく聞くようになりました。スクールカウンセラーもほとんどの学校に配置されています。しかし、誰でもいつでもどこででも、というイメージにはほど遠いように思います。それだけカウンセリングはまだ敷居が高いのかもしれません。それにしても、カウンセリングでは一体どのようなことをするのでしょうか？　ほんの少しだけのぞいてみることにしましょう。

1節　カウンセリングが役に立つわけ

【事例】子どもが学校に行かなくなったので相談に行きました

中学二年生の太郎くん（仮名）の母親である佳子（よしこ）さん（仮名）がカウンセラーのところへ相談に行くことにしました。太郎くんは、一年生の間は元気に通学し、部活にも頑張っていましたが二年生になった五月ごろから朝になると頭やお腹が痛いと言い出し、徐々に遅刻や欠席が目立つようになりました。そして、六月頃からはまったく学校に行かなくなってしまったのです。途方にくれた佳子さんは、カウンセラーのもとを訪れたのです。

最初は、カウンセラーに何を言われるのか不安でした。小さい頃からのことを詳しく聞かれ、育て方の至らなかったことなどについて注意されるのではないかと思うと、途中で引き返したくなったりしました。

しかし、実際に会ってみると、太郎くんの小さい頃からのことについてカウンセラーが問いかけることはありましたが、決して佳子さんを責めたりはしませんでした。むしろ、佳子さんのこれまでの苦労をねぎらい、将来に向けての不安についても理解を示してくれました。また、原因がわからないことについても他にも同じような例があることや原因がわからなくてもよい方向にいくこともあることなども教えてもらい、安心することができました。

振り返ってみると佳子さんは、太郎くんのことについてこれまでも誰かに相談することはありましたが、いつも相手がどのように思っているのかとか、相談した相手が他の誰かに言ってしまうのではないか、などと気になることが多く、心の底から安心して話すことができなかった自分に気づくことができました。

その点、カウンセリングでは秘密を守ってもらえることがわかり、安心して相談することができました。また、様々な心配について話をしていく中で、しばらく忘れていた太郎くんのよいところや、親としてどのように育ってもらいたいのかなど大切に思っていることについて改めて思い出すこともできました。

佳子さんは、だんだんと混乱していた自分から、本来の自分を取り戻しつつあるような気がしてきました。すると、不思議なことに太郎くんと話すときのイライラやその後のため息なども減ってきました。徐々に太郎くんとの会話も以前の太郎くんが学校に行っていたときのような会話ができるようになってきました。

あまり外出しなかった太郎くんも、お父さんを交えて家族で休みの日に出かけることもできるようになり、徐々に元気を取り戻していきました。

1 カウンセラーはアドバイスをしてくれるのでしょ?

言うまでもなくカウンセリングの基本は、話をきくこと/きいてもらうことです。カウンセラーが、あれこれとアドバイスをするイメージをもっている人がいるかもしれませんが、そうではありません。では、どうしてきく/きいてもらうだけで私たちは元気になることができるのでしょうか。

この場合の「きく」は、カウンセリングの領域では、「聴く」と書きます。つまり、ただ自然と音声が耳に入ってきて「聞く」のではなく、カウンセリングでは、まるで音楽に没頭して真剣に聴くときのように気持ちを集中させて「聴く」のです。カウンセリングでは、このように相手の話に関心をもち、真剣に聴くことを「傾聴」と呼びます。

聴くこと/聴いてもらうことの効用について考えてみる前に、どうしてカウンセラーがアドバイスに慎重なのかについて考えてみましょう。

アドバイスというのは、言うまでもなく「こうしたほうがよい」とか「ああしたほうがよい」とか具体的な指針について提案するというものです。友人同士や家族、あるいは職場などでは、悩みに対してこのようなアドバイスを行うことは一般的でしょう。知り合いにアドバイスをもらって実行する場合もあればしない場合もあるでしょう。でも、それはそれぞれの自由です。解決するのは、アドバイスの内容そのものという場合もあれば、内容は実行しなかったけれども話をしたことで考えがまとまったり、気持ちが落ち着いたりすることもあると思います。

では、カウンセラーはどうでしょう。カウンセラーは、アドバイスを行うことにとても慎重です。なぜなら、アドバイスがその人の役に立つかどうかわからないからです。私たちの悩みは、必ずしも単純ではありません。心の中での幾層もの事柄（縦のつながり）や幾種類もの事柄（横のつながり）が関連し合い、一つの悩みとして表現されます。

例えば、恋人ができない、という悩みがあるとします。友人であれば「合コンでも行ったら？」などとアドバイスしてくれるかもしれません。それでうまくいくこともあるでしょう。しかし、カウンセラーはそのようなアドバイスはしません。なぜなら、合コンという方法でうまく解決できるかどうかわからないからです。悩みの解決の方法は、洋服と同じように、すべての人に当てはまるものがあるわけではないのです。友達ならばいざ知らず、うまくいくかどうかわからない方法をいちかばちかでプロのカウンセラーがアドバイスすることはできないでしょう。

先ほどの佳子さんに対しても同じことがいえます。太郎くんに対してどのように接するのがよいのか、常に正しい正解があるわけではありません。また、「お子さんの自立心を大切に」とか、「お母さんがしっかりして」などと抽象的なアドバイスをしたところで、なかなかよい方向には向かいません。

2　カウンセラーは話を聴くだけで何もしてくれない？

カウンセリングについてのもう一つの誤解は、「カウンセラーは何も言ってくれない。ただ聴くだけ」というものもあります。

これまでの説明からもこれはある一面、正解といえるでしょう。しかし、カウンセリングを受けた人が、

「なんだ、カウンセラーは話を聞いてくれるだけで、何も言ってくれないのか」と感じたならば、そのカウンセリングは成功といえるでしょうか。もし、カウンセリングが本当に役立つと感じたならば、「何も言ってくれない」という不満は出てこないはずです。

つまり、「何も言ってくれない」との不満が出るような状態は、カウンセリングが役に立っているという実感がないわけですから、残念ながらうまくいっていない、と判断せざるを得ないでしょう。もちろん、カウンセリングがすべての時間において、「心地よいもの」と限ったわけではありません。時には、苦しい時間をカウンセラーとともに過ごすこともあるでしょう。しかし、そこにはきっと共有された目標があるはずです。「今は苦しいけれども、これこれの目的でカウンセリングを行っている」ということが話し合われているはずなのです。もしあなたが、カウンセリングに意味が見出せないことがあるならば、そのことを率直にカウンセラーと話し合ってみることをおすすめします。

では、先ほどの「恋人ができない」と悩んでいる場合、カウンセラーはどのように話を聴くのでしょうか。

もしかしたら、「恋人ができない」ことの何が問題なのかについて、一緒に考えるかもしれません。今は悩んでいても、もしかしたら、恋人がいなくても充実した日々もあったかもしれません。ところが、どういうわけか今回、そのことで悩んでいる。背景にはどのようなことがあったのでしょうか。もしかしたら、周りの親しい友人のすべてに恋人がいるのに自分にだけいない、という思いにかられたのかもしれません。

「思い」と書いたのは、もしかしたら友人すべての「すべて」は、実際に１００％というわけではないかもしれないからです。カウンセリングでは、「すべて」という表現が本当に妥当なのかどうか、ということについても一緒に考えてみることもあります。決して疑っているわけではありません。しかし、「すべて」と思い込んでいることで、必要以上に落ち込んでしまっている可能性も否定できません。

また、その人の友人の中には、本人が思っている以上に、恋人がいなくても充実している人もいるかもしれません。もしかしたら、恋人の有無よりもそのような充実した毎日を送っている（最近で言うところの「リア充」な）他の人と比べてしまい、みじめな気持ちになっているのかもしれません。そうなると話し合うべきテーマは、「人と比べてみじめに感じてしまう自分」ということになるでしょうか。別の視点から考えてみると、「恋人ができない」という悩みは、背景にある「寂しさ」やあるいは、「将来への不安」といった気持ちから生じているのかもしれません。そうすると、やはり話し合うべきテーマは恋人そのもののことではなくなるでしょう。

このように、一口に「恋人ができない」という悩みでも、その背景にある思いは、一人ひとり異なるのです。そうすると、合コンに行く、ということだけで解決しないこともわかっていただけるでしょうか。カウンセリングでは、表面的な悩みだけではなく、その背景に関連している個人の歴史や物語、また望んでいる将来像などに関連づけながら会話を育んでいきます。そのような会話から、自分の悩みが個人的などのような側面から出てきているのか、また、そのような流れの中から、自分がどのような人生を歩みたいと思っているのかについて、いろいろな視点から見直していく作業を行っていくのです。

再び太郎くんの話に戻します。小さい頃からの太郎くんについて一番よく知っているのはお母さんとお父さんでしょう。小さい頃からいろいろな関わり方をしてきて、今の太郎くんの心に響くこと、響かないことについても一番よくわかっているはずです。中学二年生の男子に共通してうまくいくことがあるわけではありません。また、正しい母親や父親のあり方があるわけでもありません。しかし、これまでどのような考えのもとで太郎くんに接してきたのか、佳子さんがお父さんと一緒に家庭を築く中で大切にしてきたことはどのようなことなのか、どのような人に育ってもらいたいのか、そしてそれらのことはお母さん自身のどのような経験によるものなのか、そのようなことについて会話を重ねていく中で、徐々に見えてくるものがあるはずです。

一人では決して見えない、そして日常の人間関係の中ではなかなか冷静に振り返ることができない、そのようなことについてカウンセリングで一緒に探していくことができるといえます。

3　カウンセリングが日常の会話と違うところ

カウンセリングが日常の会話と異なる大きなポイントは、カウンセラーが日常の人間関係の中にいないことです。

私たちが、知り合いに相談する際に真っ先に浮かぶ心配は、「こんなこと相談したら相手にどう思われるだろうか」ということです。また、相談すること自体がその人との今後の関係にどのように影響するのか、ということにも心配は及びます。当然ながら、相手が他人に口外しないのかについても気になるところです。

しかし、カウンセラーは日常の人間関係のメンバーには入っていません。もっと言うならば、入っているべきではないのです。あまり知られていないことかもしれませんが、臨床心理学の専門的な訓練を受けたカウンセラーは知り合いからの相談を受けることを絶対にしません。それは、相談する人の立場が不利になるからです。専門的には、カウンセリング関係以外の関係（友人関係や恋人関係、商売関係など）をもつことを「多重関係」といいます。

想像してみてください。友人にカウンセラーがいるとします。その人にカウンセリングを依頼するとします。カウンセラーである友人は、問題について詳しく知るために今まであなたがその友人に話したことがないようなことを尋ねてくるかもしれません。それらの質問に抵抗なく答えることができるでしょうか。相談することで、引け目を感じたり、遠慮の気持ちが生じたり、立場が弱いと感じることがないといえるでしょうか。もし、カウンセラーがあなたの行っている商売や仕事のお客さんだったとしたらどうでしょうか。常に対等な立場で商売や仕事を続けることができるでしょうか。つまり、お世話になっているカウンセラーがお店に来たら、何か特別なサービスをしないといけないような気持ちになったりはしないでしょうか。

反対に、カウンセリングに期待したような結果が得られない場合、相手に対してどのような気持ちになるでしょうか。それまでと同じ、例えば友人関係を続けることができるでしょうか。そのような気持ちがまた悩みそのものにマイナスに影響することはないでしょうか。

このように日常の人間関係の中でカウンセリングを行うとするならば、本来感じる必要のない引け目や遠慮を感じる可能性があり、そのこと自体が日常生活にマイナスの影響を与えることになるのです。

つまり、こうして考えてみると日常生活の人間関係の中で良質のカウンセリングを行うことはきわめて困難であることがわかりますし、原則的には行わないほうが望ましいこともわかっていただけると思います。

カウンセリングは、そのこと自体が日常の人間関係に直接影響しないという状況で、初めて安心して個人的な悩みや不安について語ることができるのではないでしょうか。このことは、第5章3節「カウンセラーが守るべきこと（倫理的事項）」のところで触れます。

4 解決を育む会話の力

さて、少し遠回りしましたが、話を聴いてもらうだけで本当に悩みが解決するのでしょうか。また、解決するとしたらそれはどうしてなのでしょうか。

残念ながら、話はそれほど単純ではありません。カウンセリングは、臨床心理学という学問の分野です。人間の心をどのように理解するのか、どうして心の問題が生じてくるのか、については実に様々な理論があります。現在、世界中にはざっと三百種類以上ものカウンセリングの理論があるといわれています。つまり、それだけ多くの心の理解の仕方があり、それに基づいた解決の方法があるということです。専門的な訓練を受けたカウンセラーは、決して個人的な価値観に基づいてカウンセリングを行うわけではなく、これらの理論に基づいて行うのです。

また、一口に解決といっても様々な形があります。例えば、ある理論では、文字どおり抱えている問題がなくなるということを示すかもしれません。別の理論では、心の成長のことを指すかもしれませんし、さらに別の理論では、問題に対するものの見方が変わることかもしれません。

カウンセリングでは、相談に来た方の話に耳を傾ける（傾聴する）とともに、カウンセラーの学んだ理論に基づいて問題を理解することに努め、その理解や会話の方向性を相談に来た方と共有することになります。このような様々なカウンセリングのスタイルについては、第2章で詳しく説明します。

このように、カウンセリングにはいろいろなものがありますが、共通するのはほとんどのものが会話を通して行われるということです。

ほとんどの人は、誰かに悩みを聴いてもらい、気持ちが楽になった、スッキリしたという経験をしたことがあると思います。

それは、話を聴いてもらえたことで「自分の気持ちをわかってもらえた」と感じたり、「話すことで考えが整理された」と感じたりすることによるでしょう。また、話をしたことで、「新しい視点で悩みを眺めることができるようになった」と感じることもあるでしょう。

このように会話をすることは、新たな人間関係をつくり、新しいものの見方を見つけるなど、何かを生み出す力があるのです。学校や職場で問題に直面し、解決策がとんと思い浮かばないような状況でも、何人かで額を寄せ合って、ああでもないこうでもないと話し合う中で、ひょんなところから解決の糸口が見え、希望の光が差してくることは少なくありません。

反対に、話を聞いてもらえなかったり、無視されたり、発言をないがしろにされたりすれば、会話を続けようという気持ちにもならず、解決の糸口にはたどり着けないでしょう。

会話を続けることによって、解決に向けての「何か」が生み出されます。その「何か」は理論によって異なるものかもしれませんが、これこそがカウンセリングの効果であり、意義だと思います。
さあ、カウンセリングの扉を開いてみましょう。

おすすめ読書案内

東山紘久　2002　プロカウンセラーの聴く技術　創元社
一丸藤太郎（編）　2002　私はなぜカウンセラーになったのか　創元社
金沢吉展（編）　2007　カウンセリング・心理療法の基礎―カウンセラー・セラピストを目指す人のために　有斐閣アルマ

2節　カウンセリングの基本的なスタイル

第1章ではここまで、カウンセリングがどうして役に立つのかを述べてきました。続くこの2節では、カウンセリングとは一体何であり、誰によって、どこで、どのような形で行われるのか、といったことについて述べていきたいと思います。

1　カウンセリングとは何か

さて、ここまできて今さらという感じもしますが、改めて「カウンセリング」とは一体何なのでしょうか。

インターネットで「カウンセリング」を検索してみると、「心理カウンセリング」「経営カウンセリング」「住まいカウンセリング」「ビューティー・カウンセリング」「キャリア・カウンセリング」等々、様々な種類のカウンセリングがあることがわかります。

一方、手元にある辞書（広辞苑　第六版）で「カウンセリング」を引いてみると、「個人のもつ悩みや問題を解決するため、助言を与えること。精神医学・臨床心理学等の立場から行うときは、心理カウンセリングと呼ぶことがある。身の上相談」とありました。また、カウンセリングとはもともと英語の言葉なので、"counselling"を英英辞典（オックスフォード新英英辞典）で引いてみると、"the provision of professional assistance and guidance in resolving personal or psychological problems"となっています。和訳すれば、「個人的、ないしは心理的な問題を解決するために、専門的な援助や指導を与えること」となるでしょうか。

日常での使われ方や、辞典での定義などから考えると、「カウンセリング」という言葉には広い意味と狭い意味の二つの意味があるように思われます。広義での「カウンセリング」とは、何らかの悩みや困り事をもつ人に対して、専門家が助言や指導を与えることを指すようです。一方、狭義の「カウンセリング」は、そこで扱われる内容が特に心理的な悩みや問題の場合であり、「心理カウンセリング」という呼び方をすることもあります。つまり、広い意味で「カウンセリング」というときには「経営カウンセリング」や「キャリア・カウンセリング」もそこに含まれますが、狭い意味では「カウンセリング」とは「心理カウンセリング」のことのみを指す、ということになります。

そして、この本で扱っている「カウンセリング」とはもちろん後者の意味での「カウンセリング」、つまり「心理カウンセリング」のことです。ですので、以降は特に断りのない限り、「カウンセリング」とは「心理カウンセリング」のことを示すこととします。[注1]

だとすると、「カウンセリング」とは、「心理的な悩みや問題を抱える人に対して、専門家が助言や指導を与えること」と定義できる…のでしょうか。この章を書いている私はカウンセリングを行っている専門家ですが、この定義には違和感を感じます。また、おそらく私に限らず、カウンセリングの専門家には、この定義に違和感を感じる人が多いと思います。その違和感は、「助言」や「指導」という表現についてです。そこで、専門的にカウンセリングとはどのようなものとしてとらえられているかをみるために、今度は専門的な辞典を見てみることにしましょう。『心理学辞典』[1]には、次のような三つの「カウンセリング」の定義が挙げられています。

①適応上の問題を理解し、解決することができるように、他の人がその援助につとめるというような

注1　なお、心理カウンセリングと関わりの深いものとして、「心理療法」という言葉があります。両者の関係がどのようなものなのかについては、これも様々なとらえ方があるのですが、本書では心理カウンセリングの中に、心理療法を含めて考えることとします。

関係

②自分一人では拮抗《きっこう》できない問題で悩まされている個人と、訓練と経験とによって、他人に個人的障害の解決が可能となるように援助できる資格をそなえた専門家との間の一対一の関係において生起する過程

③二人の人の間の社会的学習の相互作用である。その方法・目的は単純な忠告という極から強い長期の心理学的処置という他の極までひろがる。相談の機能は、来談者が自分のあるがままの姿を理解し、受容し、この自己覚知に照らし、自己の可能性の実現の援助をめざす。この際必要ならば、彼らの態度、見方や行動を改めたり修正したりすることも行われる

難しい言葉が並んでいて、すぐにはこれらの定義が何を示しているのかがわかりにくいと思いますが、ここではいずれの定義においても「援助」という言葉が使われていることに注意してほしいのです。

専門家への相談という場合、問題を解決するために何をすればよいのかということについてのアドバイス、それも、素人には考えつかないようなすばらしいアドバイスを専門家がしてくれて、それに従えば問題が解決する、というイメージが一般的なのだと思われます。言い換えるとすれば、専門家は問題を解決するための「正解」を知っていて、それを教えてくれる、というイメージでしょうか。最初に見た一般的な辞典で「助言」や「指導」という言葉が使われていたのは、そうした理由だと思われます。そして、カウンセリングにおいても、専門家が何らかのアドバイスをすることがないわけではありません。ところが、アドバイスは必ずしもカウンセリングの本質ではないのです。

カウンセリングの本質とは、悩み事や問題を抱えている人が、自分自身でその悩みや問題に取り組み、解決できるようになることにあります。そのために専門家は、その人が、「その問題をどのようにとらえているのか」「どのようにその問題に取り組みたいのか」「なぜこれまではうまく取り組めなかったのか」、そして、「どうなればその問題が解決したと考えるのか」といったことを、その人がしっかりと考えることができるように関わるのです。つまり、専門家は問題解決のための正解を知っているわけではなく、また、問題解決のための方法を考えることを肩代わりするものでもないのです。その問題に取り組み、解決を目指すのはその本人自身であり、専門家はその過程を支えていくということ、それが「援助」ということなのです。

意外な感じがするかもしれませんね。実際、初めてカウンセリングに訪れる人のほとんどは、問題の解決方法を専門家に教えてもらえるものと思っておられます。ところが、専門家がアドバイスを与えてくれず、そもそも「正解」を知らないということに驚かれ、中には戸惑われたり失望されたりする人もいます。しかし、カウンセリングを続けていくうちに多くの方は、自分の抱える問題は自分が主体的に取り組む必要があるのだということ、そしてその過程で、自分の人生を自分自身のものとして生き生きと生きていくことの大切さに気づいていかれるのです。

2　カウンセリングは誰によって行われるのか

ここまで見てきたことからすると、カウンセリングは、専門家、そして悩みや問題を相談する人によって行われる活動であることがわかります。このうち、専門家のことを「カウンセラー」(counsellor)と呼びます。

カウンセラーは、人間の心理について専門的な知識をもっている者でなければなりません。ただしその専門知識とは、前に述べたとおり、こういう問題についてはこうすればよいというような「正解」についての知識ではありません。どのように相手の話をきいて、どのように関係していけば、相手がよりよく問題に取り組んでいけるのか、ということについての知識です。ですから、単に心理学の知識をもっているだけでは、カウンセラーとはいえないのです。

そしてまた、そうした関わりが適切にできる技術をもっていることも必要です。技術(テクニック)というと、なんだかハウツー的なやり方が想像されて、いやな感じがするかもしれません。しかし、例えば優秀な外科のお医者さんは、人体や病気についてのたくさんの知識をもつと同時に、手術についての卓越した技術をもっていますよね。外科医に限らず、専門家には必ず知識と技術が必要とされるのです。カウンセラーも専門家である以上、技術は必須になるのです。

それともう一つ、カウンセラーに必要不可欠なのは倫理です。この場合の倫理とは、簡単にいえば相談に来た人の害にならないように関わるということです。相手に害にならないように関わるというと、何を当たり前のことを、と思われるかもしれません。しかし、カウンセリングにおいて「害にならない」ということは、よく考えるといろいろと難しい問題があるのです。[注2]

注2　ここでは詳しく論じるスペースがありません。倫理についての詳細は、第5章の3節を参照してください。

以上をまとめると、カウンセラーとは、カウンセリングに関する知識、技術、倫理をもった専門家のことをいいます。専門家である以上、そうなるためには訓練を受ける必要があります。カウンセラーになるための訓練については、第5章を見てください。

さて、もう一方の、悩みを抱えてカウンセラーのもとを訪れる人は、「クライエント」と呼ばれます。もとの英語の綴りは"client"なので、「クライアント」と表記されている場合もあります。日本語では「来談者」と訳されることが多いようです。

クライエントはカウンセリングの当事者ですから、クライエント抜きでカウンセリングは成り立ちません。ただしそのことは、悩み事をもってくる人がいなければ、カウンセリングができないから、というだけの意味ではありません。クライエントには、カウンセラーからカウンセリングをしてもらうという受け身的なものではない、積極的な役割があるということは、ここまで読んでこられた方には納得してもらえることと思います。もしカウンセリングが「指導」「助言」であるのならば、それはカウンセラーからクライエントへ一方向的に与えられるもの、ということになるのでしょうが、そうではありませんでしたよね。クライエントは、主体的に自分の悩みや問題に関わっていくことを、カウンセリングでは求められるのです。

カウンセリングとは、カウンセラーが一方的にクライエントに対して行い、クライエントはそれを受ける（図1－1）、というのではないことは、24～25頁の専門辞典の定義にも示されています。例えば、①の定義では「関係」、②では「過程」、③では「相互作用」という言葉が使われています。つまり、カウンセリングとは、カウンセラーとクライエントがともに当事者として関わることそのもの、両者の相互作用そのものをさす言葉なのです（図1－2）。

3 カウンセリングはどこで、どのように行われるのか

カウンセリングが行われている場所は、様々です。いろいろなところでカウンセラーは仕事をしています。

ひょっとすると読者の皆さんには、スクールカウンセラーというのが一番馴染みがあるかもしれませんね。スクールカウンセリング以外にも、大学の学生相談室や、地域の教育相談室でのカウンセリングなどがあり、教育領域はカウンセリングが行われる最も大きな領域の一つです。

もう一つ、カウンセリングが馴染み深い領域が、医療領域です。精神科、心療内科といったところだけではなく、最近では小児科、産婦人科、などの各種診療科、あるいはターミナルケアなどの領域でも、カウンセラーが活躍するようになってきています。

そのほか、産業や司法といった領域でもカウンセラーは活躍していますし、この頃は私設の相談機関を開いてカウ

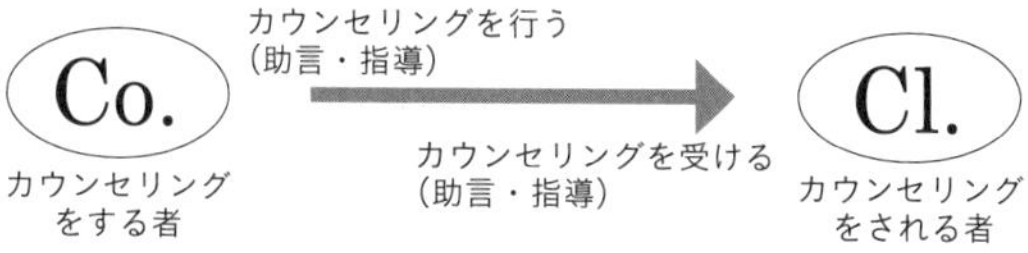

図1－1　不適切なカウンセリング理解

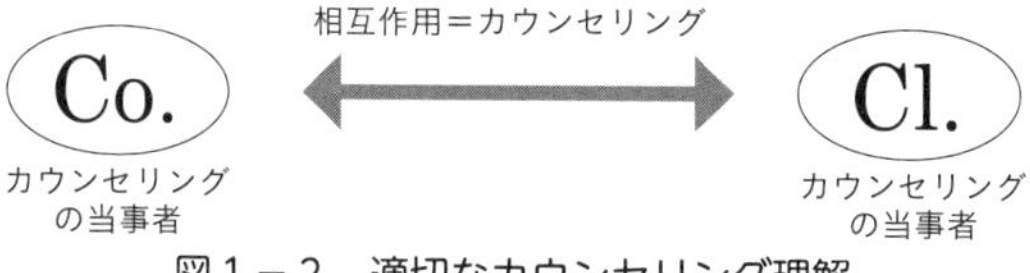

図1－2　適切なカウンセリング理解

※Co：カウンセラー　Cl：クライエント

ンセリングをしているカウンセラーも多くなってきています。

そうしたいろいろな場にいるカウンセラーのもとを、クライエントは様々な悩みや問題をもって訪れます（このように、クライエントがもってくる悩みや問題を、「主訴」ということがあります）。友人関係の問題、勉学や仕事に関する心配事、あるいは自分の性格についての悩み、等々、多種多様な主訴がカウンセラーのもとに持ち込まれるのです。

カウンセリングの場、そして主訴が様々であるということは、それぞれで行われるカウンセリングは、それこそ千差万別であるということになります。カウンセラーとクライエントが一対一であるだけではなく、一対多、多対一、多対多といった、多種多様なカウンセリングの形態もあり得ます。したがって、それぞれのカウンセリングで目指される問題の解決、改善というのも、様々なものになり得ます。

目的や方法に応じて、頻度や一回あたりの時間、また、それをどのぐらい続けるのかについて、カウンセリングはいろいろな形をとることになります。頻度と時間については、現在の日本では毎週ないし二週に一回、五十分というのが一般的ですが、週に三〜五回ということもあれば、一か月に一回という場合もあります。時間は、短いもので三十分、長ければ九十分ということもあります。さらに、回数についてですが、一回で終わる場合もあれば、何年にもわたって何百回も続くカウンセリングもあるのです。

具体的に、どのようなスタイルのカウンセリングがあり、どのような悩みや問題が扱われるのかということについては、このあとに続く第２章や第３章で見ていくことにしましょう。

第1章　引用・参考文献

[1]　林　潔　1995　カウンセリング　中島義明・安藤清志・子安増生・坂野雄二・繁桝算男・立花政夫・箱田裕司（編）
心理学辞典　CD－ROM版　有斐閣

第2章　いろいろなカウンセリングのスタイル

カウンセラーは思いつきでカウンセリングを行うのではありません。では、カウンセラーの頭の中にはどのような知識がつまっているのでしょうか。実は、心の悩みを解決する方法は実に様々なのです。そこには心の問題についての多様な理解があるからです。そのようなカウンセラーの頭の中にある心の理解についてできるだけわかりやすく解説してもらいました。きっと「なるほど!」と思える考え方に出会えるのではないでしょうか。

1節　自己を見つめ直すカウンセリングI　無意識の探求

カウンセリングには、その目的や方法、あるいは誰を対象とするかによって、様々な種類があります。その中でも、自分自身の心を見つめ直すことが、心の問題の解決や改善のためには大切だと考える立場があります。その代表が、「精神分析」です。

1　精神分析とは

皆さんは「精神分析」と聞いて、どんなことを思い浮かべるでしょうか。精神、すなわち心の分析ということで、自分が考えていることを次から次へと言い当てられるような印象を受けるかもしれません。あるいは、通り魔や連続殺人などの一般的には理解しがたいような事件が起こると、著名な精神科医や心理学者がテレビや雑誌に登場してきます。そして、犯人がどうしてそんな犯罪を起こしたのかを、環境や子どもの頃からの育ちといったことから説明してくれますよね。そういうのが「精神分析」だと思っている人もいるかもしれません。しかし、そうしたことは確かに「心の分析」ではあるのでしょうが、「精神分析」ではないのです。

「精神分析」とは、十九世紀の終わりから二十世紀の初めの時期に、オーストリアの精神科医であるジグムント・フロイト（Freud, S.：1856–1939）から始まった、人の心を理解するための理論、また、その理論に基づいたカウンセリングの方法を指す固有名詞です。フロイトが精神科医としての仕事を始めた当時のヨーロッパでは、身体に異常はないにもかかわらず、目が見えなくなったり、足が麻痺して動かなくなったり、突然意識を失ったり、あるいは記憶喪失になったりといった病状を示す人たちがたくさんいました。いくら身体を調べても悪いところが見つからなかったため、その頃のお医者さんの多くは、彼女たち（そうした状態になる人たちには、女性が多かったのです）は病気のふりをしているのだと思っていました。しかしフロイトは、心の原因でそうした症状が現れることを明らかにし、また、どうすればそうした状態から回復できるのかを考えたのでした。そして、その後様々な心の問題に関する経験と思考を重ねる中で次第に体系づけられていったのが、「精神分析」なのです。

ところで、フロイトが活躍したのは今から百年近くも前のことなので、二十一世紀の現在では精神分析はもう古くて、時代にそぐわないと考える人も少なくありません。実際、フロイト以降現在に至るまで、様々なカウンセリングの理論や方法が考えられてきています（その一部は、第2章のこの節以降で取り上げられています）。ただしその多くは、精神分析の考えや方法の一部を修正したり発展させたものであったり、あるいはそれとは逆に精神分析を批判することから始まったものであったりします。つまり、現在のほとんどのカウンセリング理論のやり方は、多かれ少なかれ何らかの形で精神分析と関わりをもっているといっても言い過ぎではないのです。

また、精神分析それ自体も、長い時間を経る中で、フロイトの考えややり方を拡大、修正し、あるいは新しい考えをつけ加えていくことで、大きく変容しています。現在では、フロイトの理論や方法の何を重視しているのか、またはどこを改変したのかといったことによって、様々な精神分析の流れ（学派）が生じています。

こうしたことを踏まえたうえで、以降では、主として伝統的なフロイトの精神分析について、特にその特徴的な部分を中心に説明します。そのことはきっと、現代のカウンセリングや精神分析を理解していくための基盤として役に立つと考えます。

2　精神分析の特徴的な考え

フロイトの精神分析には、人間の心を理解するための、たくさんの興味深いアイディアが含まれています。しかし、その中で最も精神分析らしい特徴を挙げるとすれば、以下の三点になるでしょう。

①無意識の心理力動
②心的決定論
③心的現実の重視

無意識の心理力動

私たちは、普段いろいろなことを感じたり、考えたりしています。そして、「心」というのは、感じたり考えたりすることやその内容であり、そうした自分の心の働きや中身については自分でよくわかっていると、何となく理解していることでしょう。

しかし、本当にそうなのでしょうか。少し注意して考えてみると、自分の心は自分でよくわかっているということでは必ずしもない、ということに気づくはずです。例えば、皆さんは突然、自分でも思ってもみなかったような考えが頭に浮かんできてびっくりしたり、考えてもいなかった行動をとってしまって、後からどうしてそんなことをしたんだろうと不思議に思ったような経験はないでしょうか。そこまで極端なことでなくても、友達との待ち合わせの約束をうっかり忘れてしまったり、テストのときに出てこなかった英単語や年号をテストが終わった後に思い出したり、「おはよう」と言うつもりが「おやすみ」と言ってしまったり、といったような、いわゆる「ど忘れ」や「言い間違い」をすることは結構あるのではないですか。また、誰でも夜寝ているときに夢を見たことがあるはずです。その夢は、確かに自分の心がつくり出しているはずですが、その意味がよくわからないことがほとんどではないでしょうか。こうしたことはすべて、必ずしも十分に自分の心がわかっていないことを示す例といえるのではないでしょうか。

フロイトは、自分の心ではあるけれども自分ではわからない心の側面に、「無意識」と名づけました。そして、この無意識が、私たちの思考や感情、行動に、大きく影響を与えていると考えたのです。一方、私たちが自分の心だと思っている側面については、それを「意識」と呼びました（図２－１）。

図２－１を見て、意識と無意識の割合が逆なのではないかと思うかもしれません。自分の心に自分でもわからない側面があるとしても、それはほんの一部に過ぎないはずだ、と。しかし、フロイトは、意

識よりもむしろ無意識のほうが、私たちの心の現象に大きな影響を及ぼしていると主張しました。というのは、無意識とはいわば広大な倉庫のようなもので、私たちが生まれて以降の様々な心の内容がその中に保持されているとしたのです。そして、その内容の多くは、意識すると苦痛をもたらすような願望、感情、記憶などであり、そうしたものは意識に上ってこないように、無意識の中に押し込められていると考えたのです。これはちょうど、水の上に浮かんだゴムボールを、手で水中に押し沈めているようなものです。このような、心の内容を無意識に押し込める働きを、精神分析では「抑圧」と呼んでいます（図2－2）。

　では、無意識に抑圧された心の内容はどうなるのでしょう。ゴムボールの例で考えると、水中に沈めているボールはいずれ消えてなくなる…ということはありませんね。ボール（心的内容）はずっと存在し続けるだけでなく、沈めておこうとする手の圧力（抑圧）に対して、浮かび上がろうとする力をもち続けています。そして、手の圧力がなくなると、ボールは水中（無意識）から空中（意識）に飛び出してしまいます。同じように、抑圧された内容も消えてしまったりはせず、常に意識に上ろうとしています。というよりもむしろ、ボールとは違って積極的に、何とか抑圧の隙を狙って、もしくは抑圧を回避して、どうにか無意識から意識に出ようとチャンスをうかがっているのです。

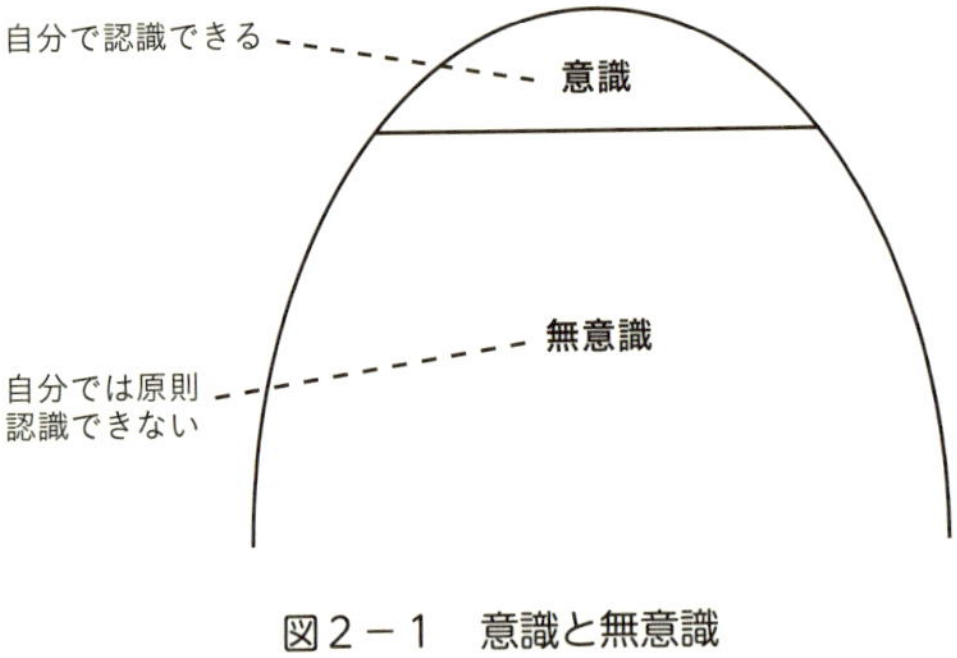

図2－1　意識と無意識

このように人の心の中では、抑圧しようとする力と、抑圧されたものを浮かび上がらせようとする力がせめぎ合いをしていますが、この様子を「心理力動」という言葉で表現します。そしてこの力動のあり方が、様々な心理的な現象をつくり出していると、精神分析では考えるのです。そのため、精神分析やその考えをもとにした心理学を、「力動心理学」と呼ぶことがあります。

「ど忘れ」や「言い間違い」、あるいは夢といったことも、抑圧する力と抑圧をはねのけようとする力の相互作用、つまり心理力動により生じている心の現象です。さらにそうしたことにとどまらず、心理力動は、心の問題や身体の症状をもつくり出すのです。例えば、フロイトが最初に対象とした症状、つまり、身体に異常はないのに現れてくる心身の様々な症状の場合、無意識の中に抑圧された内容が心理力動の結果、身体の症状に形を変えて表現されているのです。

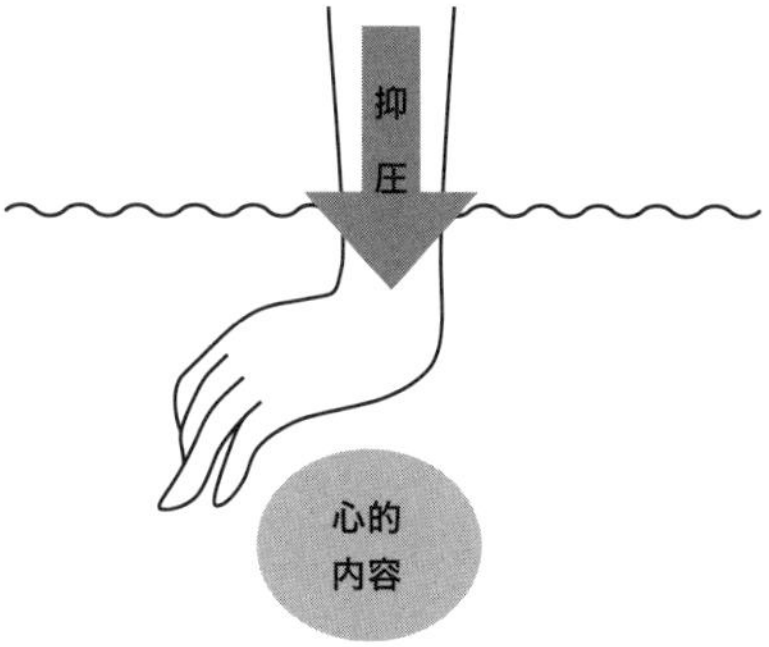

図2－2　無意識と抑圧の作用

心的決定論

精神分析では、心にまつわる現象について、偶然であったり無意味であったりするものはなく、それらには必ず意味や原因があると考えます。別の言い方をするならば、物理的世界において生じる現象には必ずそれを引き起こす原因があるように、心の世界においても心の現象には、必ずそれを引き起こす心の原因があると考えるのです。こうした考え方を、「心的決定論」といいます。

ただし、心の現象についてその原因を見つけ出すことは、物理的現象に比べて必ずしも容易ではありません。なぜなら、その原因が無意識的なものとなっており、すぐにはわからないことがほとんどだからです。例えば、「ど忘れ」や「言い間違い」、そして夢といった現象についても、そこには必ず原因があるのですが、それらが無意識的であるために、簡単にはわからないことも多いのです。皆さんの中には、これまではこうした現象には特に意味はないと考えていた人もいたでしょう。しかし、「無意識の心理力動」について知った今では、この主張に納得してもらいやすいかもしれませんね。そこで、次のような例で考えてみたいと思います。

【事例】優しい先輩にイライラするマツ子さん

ある女子大学生のマツ子さんは、軽音楽サークルの先輩との関係で悩んでいます。その先輩は後輩の面倒見がよく、人当たりもよいので、サークルの中では優しい先輩として後輩たちから慕われています。ところがマツ子さんだけは、その先輩に対して強いイライラを感じてしまうのです。その人からいじめられたり、嫌なことをされたりしたわけではありません。むしろ先輩は、自分と同じベース担当のマツ子さんのことをことさら気にかけてくれていて、一対一で練習に付き合ってくれたり、アドバイスをくれたりします。アドバイスはとても的確で、ベースがうまくなりたいと思っているマツ子さんは、ありがたいとすら感じています。でも、どうしても先輩に対する強いイライラを抑えることができないのです。そして、そのように感じてしまうことはマツ子さんに、強い罪悪感と自己嫌悪を引き起こすのでした。

先輩に対するイライラの原因がわからないままマツ子さんはずっとサークル活動を続けていましたが、こんなに気持ちが揺さぶられるのだから、何かきっと理由があるはずだと思っていました。そしてあるとき、先輩には人に話しかける際に一瞬目を細めるクセがあることに気がつきました。そして同じようなクセが母親にもあったことを、マツ子さんは突然思い出したのです。

マツ子さんの母親は、過干渉ぎみな人でした。しつけや勉強のことに限らず、友達関係や趣味のことまで、あれこれと口出しをしてくるのです。そうした母親の口出しに対してマツ子さんはイライラ感を感じていたのですが、母親の口出しの内容はいずれも正論であるため、反論できませんでした。また、自分のために母親が言ってくれているということもマツ子さんにはわかっていましたので、反抗するのは一層難しいことでした。それでも何度か口答えをしたことがあるのですが、そうすると母親は、とても悲しそうな顔をして無言で涙を流し続けるのです。その母親の様子に強い罪悪感と自己嫌悪を感じて、結局マツ子さんが謝ることになるのでした。

自宅から離れた大学に進学したことで、母親からの干渉と、そのとき自分が体験していた心の状態を、マツ子さんは忘れていました。しかし、母親と同じクセをもつ、面倒見のよい先輩に会うことが、無意識的なものとなっていた母親との間の苦痛な関係が再現する引き金となったのです。つまり、マツ子さんのイライラ、罪悪感、自己嫌悪は、母親に対する感情が、母親と似た特徴をもつ先輩との間で再現されて生じていたことなのでした。そして、そのことを思い出したことで、マツ子さんは、先輩に対するイライラを感じることはなくなったのです。

心の問題には必ず原因があると考えること。そう考えることは、それを探求しようとする姿勢につながります。そして、マツ子さんがそうであったように、その原因が明らかになることで心の問題は解決すると考えるのが、精神分析なのです。

心的現実の重視

私たちの通常の生活においては、ある出来事が事実であるかどうか、また、それが客観的であるかどうかが重視されます。例えば、友人タロウさんが皆さんに、別の友達ジロウさんから「ひどいこと」を言われたと相談をもちかけてきたとしましょう。そのとき皆さんは、どのように対応するでしょうか。おそらく、ジロウさんが、何を、どのように言ったのか、ということを確かめようとするでしょう。そして、その言葉が「ひどいこと」になるのか、それともそうでないのかについて、判断しようとするでしょう。

もちろん、それはそれでとても大切なことです。しかし、事実がどうであるのか、あるいはそれが客観的なことであるのかということと同等に、あるいはそれ以上に、その人がそのように感じていること、いわばその人の心にとっての「真実」を、精神分析では「心的現実」として重視するのです。

先ほどの例でいえば、タロウさんがジロウさんの言葉を「ひどいこと」と感じたのであれば、それがタロウさんにとっての「心的現実」なのです。その心的現実を認めたうえで、ジロウさんのその言葉がタロウさんにとって「ひどいこと」として受け取られた理由を、タロウさんの心のあり方やジロウさんとの人間関係との関連で理解していこうとするのです。このことは、ジロウさんの主張を客観的な事実として認めるということとは違いますし、タロウさんの感じ方が正しいとか間違っているとかいうこととも違うのです。その人にとって、そのことが、なぜそのように感じられ、そのような意味をもつのか、ということを検討していくためには、「心的現実」という視点が必須のものであるということなのです。

3　精神分析が目指すもの

無意識の心理力動が心の現象に大きな影響を及ぼしているということ、心の現象には無意識的なものを含めて必ず原因があると考えること、そして、その人の心的現実を大切にし、そこから心の問題を考えていくということ、これらが精神分析の特徴でした。ではこういった特徴は、カウンセリングのやり方には、どのように反映されているのでしょうか。

フロイトは、無意識を意識化することこそ、精神分析の本質であると考えていました。無意識を知ることができれば、自分の考えや行動がなぜそのようであるのかがわかります。それが結局、生じている心の問題の解決や改善につながると考えるのです（マツ子さんの例を思い出してください）。

ですから、精神分析的な考えをもっているカウンセラーは、クライエントが自分の無意識的な側面に気づいていけるように援助を行います。そのための具体的な方法はいろいろあるのですが、最も中心となる大切な技法と考えられてきたのが、「解釈」と呼ばれるものです。「解釈」とは、クライエントの無意識について、カウンセラーが言葉でそれを伝えることです。カウンセラーは、クライエントの話を聞きながら、クライエントの無意識を理解していくのです。そして、理解したことを、「解釈」としてクライエントに伝えます。クライエントは、カウンセラーの解釈を手がかりに、自らの無意識に気づいていくのです。

4　おわりに

以上、「精神分析」の特徴について説明してきました。もちろん、精神分析についての十分な説明といえるようなものではありませんが、それでも、自分自身について、無意識的なものを含めてよりよく知っていくための理論と方法、それが精神分析であるということは、伝えられたのではないかと思っています。

もし、本稿をきっかけに精神分析に関心をもった人がいたなら、とても嬉しく思います。そして、ぜひ他の本にあたるなどして、精神分析への理解を進めていってほしいと思います。

おすすめ読書案内

立木康介（監）　2006　面白いほどよくわかる　フロイトの精神分析　日本文芸社
土居健郎　1988　精神分析　講談社学術文庫
鑪　幹八郎　1976　夢分析入門　創元社

2節　自己を見つめ直すカウンセリングII　集団の力を借りて

「空気を読む」ことを、私たちは日々、求められています。この要求は、日常生活にあまりにも浸透しているために、「求められている」とわざわざ感じないほどかもしれません。まじめな空気を乱すやる気のなさそうな人、誰も質問しない空気の中で毎回手を挙げる人、いずれも「空気を読めない」人ということになるのでしょう。その場に相応しい振る舞いができることを、環境に「適応」している状態といいますが、何が適応的な振る舞いであるかは、しばしば、行為の内容よりも、場の空気によって決定されているようです。

空気を読むことは、良好な対人関係を維持するために欠かせない要素の一つです。小説『モッキン・

バード』〔5〕の主人公ケイトリンは、小学生の女の子ですが、空気が読めないために友達づきあいがうまくいきません。顔の傷を気にしているクラスメイトを「全然大丈夫」と皆がなぐさめているときに、「紫になってるし、腫れてるし、本当に大変だよ」と言って泣かせてしまいます。皆から「今の、めちゃくちゃいじわる！　あんた、お友だちのつくりかたとか、習ったことないの?」と責められますが、ケイトリンには何が悪いのかわかりません。このように、空気を読めなければ、日常生活の様々な場面でうまくいかないことが起きて苦労するだろうと想像できます。

しかし、一方で、空気を読むことから生じる問題もあります。近年では、東日本大震災後明らかになった、原発をめぐる「安全神話」の例を挙げることができます。日本のように地震の多い国で、原発のようなリスクの高い施設を運営するにあたり、地震や津波を想定した設備や訓練が行われていなかったことに誰もが驚きましたが、福島原発事故独立検証委員会の報告〔8〕によれば、それは、「知らなかった」とか「気づいていなかった」からではなく、むしろ、誰もがどこかで感じていながら「『安全神話』の舞台の上で、すべての関係者が『その場の空気を読んで、組織が困るかもしれないことは発言せず、流れに沿って行動する』態度をとるようになった」（8頁）ために講じることができなかったものでした。また、二〇一二年から一四年にかけて放送された「リーガルハイ」という法廷ドラマにおけるいじめを巡る裁判の中で、主人公の古美門弁護士は、「いじめの正体とは、空気です」と明言し、司法で裁くことのできないいじめの本質に触れています。これらの例は、各人が集団の空気を読むことが、集団全体としての誤った判断や対応につながる場合があるということを教えてくれます。

そもそも、空気はどのようにしてつくられるのでしょうか。いじめの正体が空気であるならば、実際に被害者に対し攻撃を加える、いわゆる「加害者」だけを責めることはできないのかもしれません。しかし、空気がいじめをやらせたといって責任を逃れることもできないでしょう。空気は、外からやってきて私たちを支配するのではなく、間違いなく私たち自身がつくり出しているものだからです。また、空気は、多くの人が集まらなければつくり出せないものでもないでしょう。クラス替えなど、新たな集団に入るときには、「明るい雰囲気のクラスだといいな」とか「自己紹介で何を言えばいいか」などいろいろと考えるものだと思いますが、そのようなことが可能なのは、集団に出会う前に、これから出会う集団が、期待や不安という形で私たちの心の中にすでに存在していることを意味しています。集団そのものの心性（空気にかなり近いもの）に関する理論を提唱した精神分析家W・ビオンは、集団を「精神的状態」と定義しました[3]。集団とは、正に空気のように私たちの心の一部として常に存在しており、実際に数名以上の人が集まることによって、表現したりはっきりと感じることが可能になるものなのです。自己を見つめ直すとは、自己の内に存在する集団性を見つめることでもあります。それを可能にするために、グループカウンセリング（集団精神療法）という方法があります。

1　グループカウンセリングとはどのようなものか

広い意味でとらえれば、グループカウンセリングは、病院などで行われている治療を目的とするもの、同じような経験や課題を有する人同士が集まり互いに支え合いながら課題を乗り越えることを目的とする自助グループ、あるいは教育的な目的を主とする体験グループなど、様々なグループ活動を含みます。

しかし、紙幅の関係から、本節では、治療を目的とするグループカウンセリング、特に集団の心性を扱うものに焦点を当てて述べることとします。

グループカウンセリングは、三名以上のメンバーと、一名か二名のトレーナーとが、一つのグループを構成して行われます。メンバーとトレーナーは、一定の期間、定期的に決まった場所に集合し、五十から九十分間のセッションに参加します。また、グループを守り、カウンセリングの効果を高めるために、いくつかの規則が設定されます。それは、初回のセッションを開始する際にトレーナーからメンバーに伝えられます。多くの場合、規則には、メンバーたちのグループ内での発言は自由であること、グループ内で話されたことを外で話さないこと（守秘義務）、グループ外で個人的な付き合いをしないことなどが含まれます。多くのグループでは、椅子が円形に配置され、メンバーもトレーナーも同じように着席します。この円は、グループの「口《くち》」を表すと考えられています。トレーナーの振る舞い方も、グループの設定に含まれます。実際に、集団の心性を扱うグループカウンセリングでは、発言の自由の原則に則り、トレーナーはグループに指示を与えず、テーマを設定することもなく、それらすべてをグループに委ねます。そのような設定を与えられると、大抵のグループは「口」を開けることの不安から沈黙し、やがてその不安について話し始めるかもしれません。安定した枠組みを提供することにより、グループの「声」を聞くことが可能になります。

2　グループカウンセリングではどのようなことが起きているのか

グループカウンセリングにおいて観察されるグループ現象は様々ですが、それらは社会という大きな集団において生じている様々な問題と共通する点があり、それらを理解するのにも役立ちます。ここでは、比較的多く観察される三つの現象を紹介します。

一人のメンバーがグループを独占しているようにみえることがあります。他のメンバーたちは、黙ってそのメンバー（リーダーと名づけます）の話に耳を傾けています。しかし、それ以上の何かが起きることはありません。つまり、メンバーたちは、リーダーが何かを提案しても、次の指示を待っているだけで、自ら積極的に動こうとはしません。具体的な指示が与えられればそれに従いますが、それをさらに発展させたり別のアイデアを提案するメンバーは現れず、ただリーダーが与えてくれるのを待っているようです。リーダーは、不安や不満を感じているようですが、誰も不満を述べるわけでも後を引き継いでくれるわけでもないので、仕方なく話し続けています。トレーナーには、子守歌を聞きながらまどろんでいる赤ん坊が連想されます。グループがこのような状況を脱した後ではメンバーの誰もが認めることですが、グループの中に、実際に母親のような一人のメンバーと赤ん坊のようなその他のメンバーが存在しているわけではないのです。それは、与えられる人とそれを享受する人々とが存在するという幻想をグループが生み出した結果です。

近年、教育現場では、学ぶ人の主体性を重視した「アクティブ・ラーニング」が推奨されています。それに、いわゆる「ゆとり世代」の社会人は指示待ちのうえにプライベート重視で指導が大変だ、といった話を聞きます。しかし、リーダーシップに関するビジネス書が売れ続けているのは今に始まったことではありません。よって、「誰も手を挙げない空気」は、様々なグループが抱えている普遍的な課題の一つなのかもしれません。グループカウンセリングでのこのような現象は、そういった空気が、メンバー個々人の能力や興味関心の低さだけによるものではないということを示しています。それは、グループが全体として依存的な幻想に支配されていることの結果であり、したがって、グループ全体に介入する必要がある現象です。

二つめの現象を紹介します。「やる気のなさそうな人」がグループの中に存在する場合です。例えば、皆で決めたテーマについて話し合う場面において、発言回数の少ない人がやる気のない人とみなされ、話し合いが進まない、あるいはまとまらないのは、そのメンバーのせいであると皆が信じるようになるというような状況です。実際に、そのメンバーは、全員が順番に発言をしているのに、「特に意見はありません」と言って発言を回避したり、皆が個人的なことを開示しているのにごく表面的なことしか話さなかったりするのです。グループはこのような態度を示すメンバーに対して、「あなたもグループの一員なんだから、何か意見があるはず」と問い詰めたり、「皆頑張って発言をしているのに、あなたには協力する気がないとしか思えない」と責めたり、「もうあの人のことは放っておこう」とあからさまに無視をするようになったりします。容易に想像できると思いますが、そのような扱いを受けたメンバーは、ますます発言しづらくなります。しかし、グループは「無視されるのが嫌ならグループに協力すればよい」という言い分により自らの振る舞いを正当化しているのです。その対象には、トレーナーが選ばれることすらあります。このような状況は、グループが闘争的な幻想に支配された結果と考えられます。

いじめを理解しようとするとき、「いじめられるほうにも問題がある」という考え方に抵抗を感じる人は多いかも知れません。しかし、前掲の現象は、グループがそのような考え方に基づき特定のメンバーを攻撃したり排除するということは起こり得ることを示しています。

最後に、夢を見るグループという現象について述べます。将来のこと（仕事、結婚等々）について時間を忘れ語り合った経験はないでしょうか。「夢は見るものではない、叶えるものである」という考え方もありますが、夢を叶えるためには、叶えられたかもしれない他のいくつもの夢をあきらめ特定の目標に向かって努力し続けなければなりません。それに比べて、見るだけの夢ならずっと自由にどこまでもいつまでも思い巡らすことができます。

グループカウンセリングにおいて、グループもまた夢を見続けようとしているかのように振る舞うことがあります。この種のグループの特徴は、未来の可能性にのみグループが方向づけられており、そのために今何をすべきかへの言及がみられないことです。グループの無意識的な目的は、夢を見続けること、あるいは期待をし続けることであり、したがって、グループは、期待していることが何とか実現しないように仕向けようとします。そのようなとき、おそらく、グループは、明るい未来を想定することで得られるエネルギーを充填しつつ、今やらなければならない課題を逃れることに成功しています。

あるグループは、「自立」というテーマについてセッションの間中話し続けましたが、そのこと、つまり漠然とした理想的な自立の状態について夢を見続けること自体がグループの無意識的な目的であるために、自立とはどのようなことであり、どうすれば自立できるのかといったことについては、グループは興味を示さず、むしろ回避し続けました。サミュエル・ベケットによる戯曲『ゴドーを待ちながら』[1]には、待つことが目的化した心性のありようがよく表されています。

グループが幻想に支配される、と聞くと否定的なイメージをもたれるかも知れません。しかし、先に紹介したビオンは、どのようなグループも、程度の差こそあれいずれかの幻想を有していると考えていました。そして、幻想に支配されるのではなく、そのエネルギーをグループの建設的な活動のために充当できるようになることが重要だと述べています[3]。

3　グループカウンセリングの効果と応用

先に挙げたグループ状況に対して、グループ心性に焦点づけられたグループカウンセリングでは、トレーナーが、自らの実感を頼りにしながら、グループが抱いている幻想という事実をグループに伝えます。グループがそれを受容できるならば、グループは事実を知ることにより、グループ自身の力で幻想を乗り越えることが可能になっていきます。また、グループカウンセリングを通じてグループの成長を経験した個々人は、それぞれのやり方で学んだことを日常生活の中に生かすことができると考えられています。

グループカウンセリングは、それを必要とするすべての人に受ける機会が提供されるべきものです。しかし、個人カウンセリングに比べて受けられる機関が少ないのが現実です。ただ、グループカウンセリングの考え方を日常生活に応用することは可能です。それは、「空気を読む」努力を、異なる意味で続けていくことだと思います。空気に合わせたり馴染もうとするだけでなく、ある空気がどのようなものなので、なぜ必要とされるのかについても理解していくことにより、空気を変えることはできないまでも、グループを知り、また自分自身を知ることに近づくことができるはずです。

おすすめ読書案内

K. アースキン（著）ニキ・リンコ（訳）2013 モッキンバード 明石書店
小谷英文 2014 集団精神療法の進歩―引きこもりからトップリーダーまで 金剛出版

3節 人間関係を見つめ直すカウンセリング

いくら注意していても、人生にはいろいろと予想外なことが起こるものです。それが楽しいことや嬉しいことであれば言うことなしです。今はやりの「サプライズ」などはそのよい例です。ところが、身近な人の不幸、親や友人とのトラブル、転居、事故、災害など、できれば遠ざけておきたいような出来事も人生にはつきものです。その他、予想外な出来事とはちょっと違いますが、人には言えない悩み事の一つや二つ、もったことのない人などいないと思います。こうしたつらい出来事や悩み事（ストレッサー）は、私たちの生活に大なり小なり影響を与えます。場合によっては、ふさぎ込んだり、怒りっぽくなったり、人と会うことを避けるようになったり、もっと深刻な場合、不登校などの問題行動、うつ病などの心の病のきっかけにもなることがわかっています。

このように、私たちはストレッサーとともに生きることが宿命づけられ、それればかりか、こうしたストレッサーにさらされ続けることによって、その後の人生が大きく損なわれる可能性も否定できないのです。

とはいうものの、私たちは、こうしたストレッサーに対して、いつも無力で受身的なわけではありません。一時的に気持ちが沈んでも、友達など身近な人に悩みを打ち明けたり、スポーツや趣味に没頭したりなど、その人なりのストレス解消法で克服できる場合が大半です。それはそれで、大いに結構なことです。身体に、侵入する異物をやっつける免疫機能があるように、心にもストレッサーを吹き飛ばす力（ストレスコーピングと呼びます）があり、少々のことなら、その人のもつストレスコーピングによって問題解決へと至ります。

ところが、日頃慣れ親しんだコーピングでは解決に至らない場合もあります。そんなときは、やはり専門家（カウンセラー）に相談するのが賢いやり方だと思います。私は、対人関係療法というカウンセリングを専門にしています。読んで字のごとく、クライエントの現実の人間関係（特に、親や配偶者、恋人など、クライエントにとって「重要な他者」との間で起こっている関係性）に注目する方法です。なぜ人間関係に注目することが重要なのかについては改めて解説していきますが、一つだけ指摘しておきます。私たちがストレスに感じる出来事の実体は、ほぼ決まって人間関係の問題であるという事実です。成績の低下や転居など、一見、人間関係とは無縁のようにみえても、「成績低下の結果、親からゲームを取り上げられた」「引っ越して、相談できる仲間がいなくなった」のように、そこには人との関係が潜んでいるものです。そして、こうした人間関係の問題が、私たちの心に大きく影響するというわけです〔19〕。

この節では、数あるカウンセリングの中から、人間関係に注目しながらクライエントの心の問題を解決しようとする「対人関係療法」を取り上げ、できるだけわかりやすく解説していきたいと思います。

1　なぜ人間関係に注目するのか

対人関係療法は、一九六九年に、うつ病の再発を防ぐ抗うつ薬の効果を調べる際に、その効果を比較検討するために開発されたカウンセリングに端を発します〔28〕。

開発に当たり、創始者であるクラーマンら〔14〕は、まず、過去六か月間強いストレス状態にあった者のうつ病発症率は、そうでなかった者のうつ病発症率の六倍以上あり、同時にストレス内容のトップが「夫婦の不和」だったというデータに注目しました。そして、そのあとに発表された多くの研究でも、うつ病発症のきっかけとして様々な対人ストレスが指摘されるようになったことから、こうした人間関係の問題に焦点を当てたカウンセリングをしていくことで、うつ病の支援（治療）に効果があるのではないかと考えたのです。

以降、繰り返し検証が行われ、薬と変わらない効果をもつことが次々に明らかとなったことで対人関係療法は広まっていきました。現在では、科学的根拠のある短期カウンセリング（通常、週に一回五十分程度の面接を、十二回～十六回行います）の一つとして位置づけられています。

うつ病については、3章1節で詳しく説明しますので、そこを参照していただきたいのですが、うつ病は、遺伝の問題、幼少期の体験、その人自身が生まれながらにもっている気質、現在の環境などが複雑に絡み合って発症する疾患です。ですので、人間関係が諸悪の根源とまではいえませんが、発症のきっかけになったり症状の変化に大きく関わる要因であることがわかっています。とりわけ、発症のきっかけとなる人間関係は、重要な他者との死別（悲哀）、重要な他者とのいさかい（役割をめぐる不和）、環境変化に伴う人間関係上の変化（役割の変化）、長期にわたる親しい人との関わりのなさ（対人関係の欠如）という四つの「問題領域」の中の一つ、あるいは二つに位置づけられ、介入の焦点とされます。

水島は、うつ病患者へのカウンセリングとして人間関係に注目することが重要である理由として、今述べたような対人ストレスがうつ病発症のきっかけとして見過ごせない点以外に、うつ病そのものが周囲の人たちとの人間関係に大きな影響を与えるという点にも目を向けるよう述べています[19]。

水島の指摘をまとめると以下のとおりです。

うつ病を発症した当初は、家族や友人など周囲の人たちは、見るからにやつれていく患者さんの姿を見て、とても優しく同情的に接することが多いようです。しかしながら、うつ病そのものは専門的な支援（治療）を受けない限り、そう簡単に治っていくものではありません。思うように治らない状況に周囲の人はイライラを感じるようになり、ついには「治そうという意欲がない」「怠けているだけ」といった、実情とはかけ離れた気持ちをもつようになる場合があります。こうした周囲の人からの評価は、患者さんを傷つけ、ストレスを増し、さらに症状を悪化させますし、悪化した患者さんを見て周囲の人は一層「治る気がない」と思ってしまう…、というような人間関係の悪循環に陥りやすいとされています。

2　対人関係療法の面接プロセス

具体的な例を通して解説しましょう。

対人関係療法は「うつ病」支援（治療）に有効なカウンセリングとして誕生したため、その流れに沿って、ここでは私のもとを訪れた「うつ病」の事例を通して面接のプロセスを解説します。なお、内容は個人が特定できないよう変更を加えています。

【事例】県外の大学に進学後うつになったA子さん

A子さんが、見るからにつらそうな面持ちで私のもとを訪れたのは、県外の大学に進学し数か月が経った頃のことです。A子さんによると、第一志望の大学に入学して二か月が過ぎる頃から、むしょうに寂しさを感じ始め涙が止まらなくなったとのことです。気づくと食欲もなくなり、何もやる気がしなくなっていました。大学の講義だけは何とか出席していましたが、睡眠が不十分になるにしたがい大学にも行けなくなり、ただぼんやりと自室で毎日を送るようになりました。
もともと、努力家でまじめなA子さんは、そんな自分のことを「怠け者」で「気力の乏しい人間」と責め、自力で生活を立て直せないのは「自分が未熟で弱い」ためだと考えていました。そして、頑張ろうとするほど焦りの気持ちばかりが強くなり、結果的に何もできない自分を責めるという悪循環にも陥っていました。実家の両親には心配をかけまいと「元気にしている」と嘘をついていたそうです。
しばらく経って、そんなA子さんの異変に気づいた母親は、すぐにA子さんのもとを訪ね、近くの精神科クリニックを受診させました。当初は受診を嫌がっていたA子さんも、看護師をしている母親からの粘り強い説得で受診に至ったようです。クリニックでは「うつ病」と診断され、すぐに薬物療法が開始されました。また、主治医より、当面の生活の見直し（できるだけストレスを避けゆっくりと過ごすこと）とカウンセリングを勧められ、私のもとを訪れました。

さて、対人関係療法のプロセスは大きく三つの段階に分けられています［18］。

初期（三〜四セッション）

カウンセリングの基礎をつくる段階です。具体的には、「心の病の可能性を探る」→「『病者の役割』[注3]を与える」→「薬の治療に関して精神科医と連携する」→「現在の人間関係の概要を質問する（『対人関係質問』と呼ばれています）」→「うつ病と関連する生活上の出来事を聴き、問題領域を決定する」→「うつ病と問題領域のつながりをクライエントに伝える（『対人関係フォーミュレーション』と呼ばれています）」→「今後の面接の継続について契約を結ぶ」という手順を踏みます。

A子さんの場合も同様に、「うつ病」という病気に罹っていることを共有し、「病者の役割」を与えるとともに、薬を継続して服用するよう念押ししました。A子さんは、私からの「うつ病であるということは、A子さんの性格や意欲とはまったく関係のないところで問題が起こっています。やる気や性格を変えるのではなく、まずは病気を治す努力をしましょう」という言葉に当初は戸惑っていました。しかし、「うつ病」はれっきとした病気であることや病気であれば支援（治療）する方法があることなどをわかりやすく伝えると少しずつ安心するようになりました。

また、対人関係療法の可能性を調べるために、現在のA子さんを取り巻く人間関係の概要や「うつ病」発症のきっかけとなったエピソードについても聞いていきました。すると、県外への大学進学によってこれまで当たり前に傍にいてくれた母親や親友がいなくなり、それに代わる友人ができていない状況にあることがわかりました。

それにはA子さんなりの理由があったのです。習慣の違いです。A子さんにしてみると、進学した地域の人付き合いの仕方が郷里のそれとはかなり異なっているように映ったのです。まじめなA子さんは

注3　病者の役割とは、病気は単なる状態ではなく、そこには一定の社会的役割が存在するという意味です。例えば、病者であるクライエントには「仕事・学校などの社会的義務はある程度免除されますが、病気を治すために必要な努力をしてもらう」といったことです。

できるだけ同級生たちの負担にならないよう振る舞いました。しかし、結果として同級生とは表面的な関わりしかもてないようになり、A子さんは孤独感を深めたと言います。ついには、日常の些細なことから学業面でのつまずきなど、相談できる相手が誰もいない中、一人で何とかしようと頑張るようになったのです。また、入学したばかりという時期的な問題ももちろんあったと思います。

ここに至って、私からは、今回の「うつ病」発症には、県外への大学進学に伴う人間関係上の変化がきっかけとなっていること（役割の変化）、今後の面接は、新しい環境に慣れるためのスキルを身につけ、「まあ何とかなるだろう」という自信を取り戻してもらうことが中心になることを伝え、残り十三回の面接を行うことを共有しました。具体的には、現在の人間関係を感情とともに見つめてもらいながら、郷里の頃とどこがどう変わっているのか、新しい友人をつくるにはどうすればよいのかなどを話し合い、A子さんの置かれた状況をできるだけ客観的に理解してもらい、対人面でのできそうなところから実践に移してもらうことを目指しました。また、お母さんにもお会いし、病気のことやカウンセリングの方針などを伝え、可能な限りA子さんのサポーターとして動いてくれるようお願いしました。

一般に、こうした手順を丁寧に進めることによって、クライエントは自身の状況や今後の面接の方向性についてきちんとした知識をもつことが可能となり、安心してカウンセリングに取り組むことができます。

中期（九〜十セッション）

初期の見立てに基づき、具体的な支援を行う段階です。初期の面接で明らかとなった「問題領域」から焦点を外さないよう配慮しながら面接を継続するのが基本となります。

A子さんの面接では、前回から今回の面接までに起こった日常生活における「感情が揺さぶられた体験」に着目してもらい、それがどのような対人的な出来事によって引き起こされたのか、その結果、うつ病の症状はどのように変化したのかを中心に聴取していきました。また、面接で学んだことを中心に、母親（重要な他者）と定期的に話をするという課題にも取り組んでもらいました。

面接を繰り返す中で、A子さんは、徐々に大学生としての新しい環境を冷静に見つめられるようになってきました。それに合わせるように、必要に応じて、対人的出来事の具体的なやりとりについて、実際に交わされた会話の内容を詳細に話してもらいながら、双方の期待のズレを明らかにし、その対応策について戦略を練り、その戦略を実際の場面で試してもらうなどの働きかけを行いました。

こうした介入によって、A子さんは、知らず知らずのうちに身につけていた相手に対する思い込み（「私がモタモタしているから、○○さんに迷惑をかけているはず」「△△さんは、私のことを負担に感じているはず」など）に気づくようになると同時に、ズレの修正という成功体験の積み重ねによって、相手との関係性に変化を起こせること、結果として症状が軽減することを学び、そうした自分に自信がもてるようになってきました。

終結期（二～三セッション）

ここまでの経過で習得した人間関係上のスキル、さらにはこうしたスキルの活用によって症状がどのように変化したのかを具体的に振り返る地固めの時期です。

A子さんは、自分の気持ちや考えについて、相手に不快な思いをさせることなく伝える方法があること、そして自分にはそうしたスキルが身についたことを第一に挙げました。さらに、腹を割って話のできる友達ができ、大学を継続する自信がもてるようになったこと、母親の協力にとても感謝していることも話しました。最後に、再発予防にこれまでに学んだスキルが活用できることを共有して面接の締めくくりとしました。なお、A子さんは面接を終えることに多少の不安や寂しさを感じていましたが、その気持ちを肯定し、これまでに獲得したA子さんのスキルとそれを使いこなせる自信があれば今後も大丈夫であることを念押ししました。

加えて、アフターケア（維持面接）として、月に一回のペースで二度、その後の経過についてお話をうかがい、元気に大学生活を送っていることを確認しました。

皆さん、対人関係療法の面接プロセスを理解いただけたでしょうか。専門用語も登場して少し難しかったかもしれません。

ただ、最後に強調したいことがあります。対人関係療法の真骨頂は、初期の面接で行われる綿密な見立て（病気も含む）とカウンセリングプランの作成と共有、さらにはそれに応じた介入法の明瞭さです。対人関係療法の世界では「医学モデル」とも呼ばれています。私も日頃のカウンセリング活動で特に重視している点です。

3　おわりに

本節では十分に触れることはできませんでしたが，対人関係療法を有効なものとするうえで，カウンセラー（治療者）の姿勢はとても大切な要素となります。簡単に言うなら，クライエントの代弁者（味方）としての温かさを保ち，全体として，評価を下さない無条件の肯定的関心を注ぐ「チア・リーダー」的存在というものです。ニュアンスは伝わったでしょうか？

以上，人間関係を見つめなおすカウンセリングとして対人関係療法について紹介しました。対人関係療法は今や，典型的なうつ病のみならず，様々なタイプのうつ病，摂食障害，不安障害などにも有効であることが科学的に証明されていますし，開発国であるアメリカを中心とした西欧諸国，日本，タイ，トルコなどのアジア諸国，さらには，エチオピア，ウガンダといったアフリカ諸国にも広がりを見せています。

ただ，残念ながら紙幅の都合上，紹介しきれない部分がたくさんあります。興味をもたれた方は，対人関係療法をわが国に導入した水島広子先生（精神科医）の著書が多数出版されていますので，是非参考にしてみてください。

おすすめ読書案内

水島広子　2004　自分でできる対人関係療法　創元社
水島広子　2009　対人関係療法でなおすうつ病　創元社
水島広子　2011　対人関係カウンセリング（IPC）の進め方―軽度うつやストレスを抱える人への援助　創元社

4節　家族とともに問題を解決するカウンセリング

1　家族療法というカウンセリング

家族とともに問題を解決するスタイルのカウンセリングは、家族療法と呼ばれています。家族療法というと、何だか家族の問題点を探し、それを直さなければならない、というイメージをもつ人がいるかもしれません。また、カウンセラーが家族に対して、あれこれと指図をするというイメージをもつ人もいるかもしれません。しかし、そういうわけではありません。むしろ、家族の力を借りながら解決方法を一緒に探るというのが家族療法の実際です。

ところで、私たちは様々な人間関係の中で生活していますが、とりわけ家族の影響が大きいことは誰もが認めるところでしょう。

家族というつながり

例えば、中学生の太郎くん（仮名）が突然学校に行けなくなってしまったとします。お母さんは、とても心配になります。これまでの子育てを振り返り、あれやこれやと原因があったのではないかと時には自分を責めてしまうこともあるでしょう。お父さんとも相談するでしょう。時には、仕事で忙しいお父さんを責めたくなってしまうこともあるかもしれません。家族の一大事です。

お母さんは、心配で夜も眠れなくなり、夜遅く帰ってくるお父さんにイライラをぶつける日もあるかもしれません。お父さんも、太郎くんのことが心配ではありますが、夜遅く仕事で疲れた状態でお母さんの話を聞くゆとりはもてず、日々、責め合いになってしまうことも少なくない状況です。お父さんは睡眠不足になり、会社での集中力が続かなくなり、上司や部下との人間関係にも影響が及ぶかもしれません。

このように、家庭の中で一たび問題が生じると家庭全体の雰囲気にも影響するとともに、家族の一人ひとりの生活にも影響します。太郎くんの登校できない問題は、本来ならばまったく関係のないようなお父さんの会社の仕事や人間関係にまで及ぶ可能性もあるわけです。このように考えると、家庭の問題は多方面に深刻な影響を及ぼす、というやや暗いお話になってしまいますが、そうではありません。

反対に考えると、様々なことがつながっているだけに、どこかひとつの歯車がよい方向に回り始めると、各方面への波及効果があると考えることもできるのです。

解決もつながっている

例えば、太郎くんのお父さんが会社の上司から、「ちょっと疲れがたまっているようだし、カウンセラーに話を聞いてもらったらどうだ?」と勧められたとします。お父さんは、カウンセリングは初めてだったのですが、登校できない太郎くんのことも相談してみたかったこともあり相談することにしました。カウンセラーに話を聴いてもらい、お父さんは気持ちが楽になったようです。また、カウンセラーとの会話によって、太郎くんの気持ちやお母さん(妻)の気持ちについても少しだけ理解ができたような気がしました。

お父さんは気持ちにゆとりが生まれたのか、帰宅後はお母さんの話に耳を傾けることができました。お母さんも、お父さんがゆっくり話を聴いてくれたことで、少し冷静になれたのか、朝なかなか起きることのできない太郎くんを見るとついついカッとなってしまい大きな声を出してしまうことや、あとで太郎くんが起きてきたときに、顔を見ると皮肉めいたことを言ってしまうことなどについて、お父さんに冷静に相談することができました。

お父さんは、お母さんの話を聞き、翌日の朝の声かけを自分がすることや週末に一緒に外出して、太郎くんの気持ちを聴いてみることなどをお母さんに約束しました。お母さんは少しだけホッとすることができたようです。

このように、太郎くんの問題とお父さんの会社のことは一見あまり関係ないことのように思われますが、人と人とのコミュニケーションによってつながっているという見方もできます。ここでは、このあと、お母さんがホッとしたことで、太郎くんとのコミュニケーションがスムーズになりました。太郎くんがお母さんとの会話で身構えることや反発することが少なくなることで、徐々に元気を取り戻すことにつながることも期待できるでしょう。

人間関係のどこかがほんの少しよい方向に向かい始めると、いろいろなところによい変化が生じるということがわかっていただけたでしょうか。

家族療法では、このようにコミュニケーションのつながりのことを「システム」と呼び、このようなシステムを視野に入れた働きかけ（心理援助）のことを「システムズアプローチ」と呼ぶこともあります［9］［26］。

ただし、太郎くんの例では、はじめからシステムを視野に心理援助（家族療法）を行ったというよりも、お父さんへの個別の支援が結果としてシステムの変化につながったということになります。

次に、家族療法の実際について紹介します。

2　家族の問題とコミュニケーション

小学校五年生の花子さんは、数か月前より朝になると学校に行きたくない、と登校をしぶるようになりました。そして、夜になると、「寂しい」と言ってしくしくと泣くようになったのです。それまでこんなことはありませんでしたので、お母さんは心配して、学校の先生とも話をしてみました。しかし、学校でトラブルがあったというわけではないようです。実際、何とか学校に行ってしまうと、友達とも楽しそうに過ごし、元気に帰ってきます。

夕食を食べ終わってしばらくは、元気です。しかし、そろそろ寝る支度をという時間帯になってくると、涙がこぼれ、しくしくと泣き始めます。大泣きするわけではありません。静かに泣くのです。そのことで、お母さんはかえって心配してしまいます。

原因は花子さん本人に尋ねてもよくわかりません。学校や友達関係で嫌なことや困ったことがあるわけでもないようです。ただ、お母さんは、花子さんがしくしく泣くようになった頃と、お母さんがパートタイムで働き始めた時期が重なることから、そのことが原因かもしれないと思っていました。しかし、花子さんは「関係ない」と言います。確かにもう五年生ですし、周りには一人で留守番する同級生もたくさんいます。これまでそれほど甘えん坊だったというわけでもありません。

お母さんは、お父さんと相談して、家族みんなでカウンセリングを受けることにしました。家族療法です。

カウンセラーは、あいさつと自己紹介のあと、順番に話を聴いていきました。お母さんが花子さんの問題について話している間、花子さんは少し緊張していましたが、小さい頃から頑張っているピアノのことや絵を描くことなど得意なことに話が及ぶと少し打ち解けてきたようです。お母さんやお父さんも笑顔を見せる花子さんの様子を見て、ホッとしたようです。

さて、話は今後どのような方向に向かっていったらよいのか、ということに進んでいきました。花子さんは、別に今のままでよい、と言います。どういうことでしくしく泣いてしまうのかはわからないけど、そのうちに落ち着いてくるのではないか、と思っているようでした。

お母さんも、このままで様子を見ればよいのではないか、と考えています。花子さんの気持ちを理解してあげて、少しくらいは甘えさせて、リラックスしてくれたらよいと考えています。しかし、花子さんがしくしく泣いている間、お母さんはつきっきりとなり、家のことがほとんどできません。そのことが負担になっていることも事実です。

お父さんが、そのようなお母さんの負担について心配しているのか、「花子はもう五年生なので、お母さんに頼らずに乗り切るべきだ」と述べました。花子さんの表情がやや硬くなります。今度はお母さんがそれを感じてか、「花子さんのペースで治していくべき」と述べます。お父さんとお母さんの言い分が平行線のように見えました。

このように解決の方針に関して、はからずとも意見のくい違いや対立状態になってしまうことはよくあることです。そのようなとき、どうすればよいでしょうか。

意見の違いも解決への力として

解決への方針に関して、様々な意見があることは当然です。関係者は皆、何とか少しでもよい方向に向かいたい、向かわせたいと真剣に考えているからです。

ですから、花子さん自身の考え、お母さんの考え、お父さんの考え、それぞれ一生懸命に考えている結果であるということがまずは共有されるべきです。当然、何が正しくて何が間違いか、などということもありません。カウンセラーは審判や裁判官ではないので、そのような判定は行いませんし、行うことはできないでしょう。

お母さんが、花子さんにリラックスしてほしい、と考えることも、お父さんが花子さんに自立してほしい、と考えることもどちらももっともなことです。

さて、どうするべきか。もちろん、カウンセラーが答えをもっているわけではありませんが、解決を探る会話を重ねるためのヒントはあります。カウンセラーたちは、そのような会話を重ねるための専門的な知識を学んでいます。ただし、あくまでヒントです。選んだり、決めたりするのは家族自身です。

ここでのヒントは、花子さんが、あるいは家族がどのようになれたらよいのか、という願いや希望についての会話を広げることでした。花子さんは、お家の中が明るく楽しくなってほしいと述べました。家の中が少々暗い雰囲気になっていたのでしょうか。お父さんとお母さんもそれを認め、花子さんが毎日楽しい気分になるとよい、と述べました。

お母さんが考えていた花子さんのリラックスは比較的近い目標ですが、お父さんの考えていた「自立」はどうでしょうか。お父さんはしばし考えて、「自立、自立と言っても、暗い気持ちのままで自立できるわけではないでしょうから、まずは楽しい気分になるように考えていきましょうか」と述べました。

カウンセラーは、「どのようなときに花子さんは楽しい気分になるの？」と尋ねました。花子さんは、家族みんなでゲームをしたり、テレビを見たりしているとき、それから何かプレゼントをもらったときに楽しくなる、と思い出して教えてくれました。

四人であれこれと話し合った結果、週に一回程度、お父さんとお母さんは花子さんへのプレゼントを考えて準備する。でも、それは花子さんには内緒にしておく。花子さんは、どれがお父さんとお母さんからのプレゼントであるか、あてっこをする。もちろん、プレゼントは高価なものである必要はなく、ちょっとしたお菓子とか、物ではなく何かしらの思いやりの行動、例えば何かを手伝ってあげるなどという場合もある、ということにしました。

花子さんも両親もプランを楽しんでいるように見えました。

一か月後、お母さんからの報告では、花子さんが夜中にしくしく泣くことはなくなり、朝もすぐに準備をして学校に出かける。家庭でも学校でも毎日楽しそうに過ごしている、と報告してくれました。

家族のコミュニケーションという視点

花子さんの家庭では、花子さんの問題が生じたことで、お母さんは花子さんにつきっきりに近いような状況になっていたようです。もしかしたら、この様子を聞いた（あるいは見た）人は、「母親の過保護が原因」と考えるかもしれません。しかし、多くの問題は、一つだけの原因で生じることはありません。また、多くの場合、私たちは問題が生じると、それを解決しようとします。花子さんのお母さんも、花子さんの様子を見て放っておくことができずに「過保護」のような状態になったともいえます。

時に、問題を解決しようとする行動が問題を維持していることもあり、その悪循環を止める、というのも家族療法における解決策の一つです。花子さんの家庭の場合、お父さんとお母さんは花子さんのために打ち合わせの時間をつくることになりました。お母さんは、ただただ心配で花子さんのそばにいるしかない状態から、何をすれば花子さんが喜ぶことにつながるのか、について考えをめぐらし、花子さんから少しだけ離れることができたのかもしれません。花子さんは、お母さんが少しだけ自分から離れたとしても、プレゼントへのワクワク感からさほど「寂しさ」を感じることがなかった可能性もあります。

もちろん、これらの多くはあくまで推測です。家庭での会話の逐一を記録したわけではありませんので、本当にそうだったのかについては正確に検証することができません。ただ、家族療法では、このように家族のコミュニケーションという視点によって解決の糸口を探るという形でカウンセリングを行うのです。

3 おわりに

家族の中で、あるいは家族の誰かに問題が生じると、誰もが原因を探り、時には自分を、時には家族を責めてしまうことも少なくありません。また、他人から家族に原因を求められたり責められたりして、傷ついたり、落胆することも残念ながらよくあることです。

そのような状況が続くことで、家族のコミュニケーションがぎくしゃくし、家族本来のあたたかさや居心地のよさが見えなくなってしまうこともあるでしょう。そうなるとなかなか解決に向かうことが難しくなってしまいます。家族療法は、本来の家族のよい面や能力、資質などが発揮され、解決に向けてうまくコミュニケーションが流れていくようにお手伝いするカウンセリングの一つなのです。

ここまでのことでわかると思いますが、家族療法の大きな特徴は、個人の中に原因を求めるというよりも人間関係におけるコミュニケーションという切り口で、問題を理解する点です。難しい言い方をすると、そのような認識論のあり方に特徴があるといえます。近年では、そのような認識論がさらに発展し、問題ではなく解決に焦点を当てて会話を行うこと自体が解決につながる、という解決志向アプローチ［2］や特別な会話によってストーリーが書き換わっていくことを支援するナラティヴ・セラピー［16］やオープンダイアローグ［24］などが注目を集めています。これらは、会話を重ねることにより、人生のより好ましい側面に光が当たり、新しいものの見方や物語が立ち現われるといったプロセスを創出できるように支援する新しい心理援助であるといえます。やや専門的な内容になりますが、関心のある方は、ぜひとも参考文献をご参照ください。

おすすめ読書案内

吉川　悟・村上雅彦・東　豊（編）　2002　家族はこんなふうに変わる―新日本家族十景　上里一郎・西村良二・山中康裕（監修）　シリーズこころの健康を考える　昭和堂

東　豊（編）　牧原　浩（監修）　2006　家族療法のヒント　金剛出版

東　豊（編）　2014　家族療法とブリーフセラピー　特別企画　こころの科学　176号　日本評論社

5節 トラウマを癒すカウンセリング

1 トラウマとは何か

ストレスとの違い

わが国で「トラウマ」という言葉が社会的に広く知られるようになったきっかけは、一九九五年の阪神・淡路大震災や地下鉄サリン事件ではないでしょうか。それ以来、「トラウマ」という言葉はあたかも流行語のように日常的に使われるようになりました。「トラウマ」は一言でいうと「心的外傷(心の傷)」のことを指しますが、時間が経てば忘れてしまうような単なる「ストレス」とは異なります。

「トラウマ」とは、本来は「人間の心がある強い衝撃を受けて、その心の働きに半ば不可逆的な変化を被ってしまうこと」と定義されます[22]。不可逆的というのは、可逆的の反対、つまり完全には元の状態に戻れないという意味です。それでは、私たちが日常的に経験する「ストレス」とはどのように違うのでしょうか。もう少しわかりやすく人間の心をボールに例えてみたいと思います。

ゴムボールを手で上から押すとボールはへこみます。このボールを手で押す力を「ストレッサー(ストレスの原因)」、ボールがへこんだ状態を「ストレス反応(心や身体に生じた様々な反応)」と呼んでいます。しかし、手を離すとボールは弾力で元の形に戻ります。人間にはストレスを跳ね返す力、回復力が備わっているからです。それに対して、このゴムボールを太く鋭利な針で突き刺すと、どうなるでしょうか。ボールには穴が開き、そこから空気が抜けてしまうでしょう。修理をしたとしても、傷は残り、元の状態に戻すのは不可能です。それがたとえ一度きりであっても、非常に強い衝撃を与えると、ボールは完全に元の形に戻ることはありません。

このように、通常のストレスフルな出来事は何らかの対処方法を用いて、ある程度処理することができますが、人間の対処能力を超えるような強い衝撃を受けると、人間の心は深く傷ついてしまい何年経っても容易に癒えることはないのです。「トラウマ」はまさに心の後遺症ともいえるでしょう。

トラウマとなる出来事

トラウマとなるような出来事にはどのようなものがあるのでしょうか。先程も述べたように、離婚や失職、身近な人の予期される死などは私たちの人生において重大なライフイベントではありますが、多くの人が経験する出来事でもありますので、これらはトラウマティックな出来事には含まれません。人間の対処能力を超えるような強い衝撃を受けたときに生じるものがトラウマですので、出来事の性質としては予測不可能で、しかも自分ではコントロールできないという特徴がほぼ共通してみられます。具体的には、自然災害や事故、犯罪などのほか、虐待やドメスティック・バイオレンスなどの家庭内で起こる暴力も含まれます。また、自分自身が体験する場合だけではなく、それを目撃したり、家族など親しい人の身に起こる場合（例えば、交通事故で家族を亡くすなど）もトラウマ体験となり得ます。

では、これらのトラウマとなるような出来事を私たちはどれくらい体験しているのでしょうか。アメリカの大規模調査で、一生のうちにトラウマティックな出来事を経験する人の割合は人口の60%に上るという報告があります[12]。一方、日本ではこのような大規模なデータがないため単純に比較することはできませんが、大学生の三割弱がトラウマとなるような出来事を体験しているという調査結果もあります[21]。このように考えると、トラウマの原因となる出来事は私たちの身の回りにたくさんあって、決して稀な出来事ではないということがわかります。

2　トラウマが心と身体に及ぼす影響

トラウマによって生じる心身への影響は様々ですが、原因は異なってもある程度共通するトラウマ反応としてPTSD（Posttraumatic Stress Disorder：心的外傷後ストレス障害）が挙げられます。「トラウマ反応＝PTSD」と誤解をしている人は意外に多いのですが、PTSDはトラウマ反応の一つにすぎません。

PTSDの特徴的な症状として、その出来事に関する記憶が本人の意思とは関係なく侵入的に想起され、時にはフラッシュバックや悪夢という形で起こることがあります（再体験）。フラッシュバックでは、その場面が今あたかも目の前で起こっているかのように生々しく蘇ってくるため、かなりの苦痛を伴います。“Posttrauma”とあるように客観的には外傷体験は終わっているにもかかわらず、その人にとっては今も外傷体験の真っ只中にいるような状態と考えると理解しやすいのではないでしょうか。

このように何らかのきっかけがあるとリアルにその出来事が想起されるので、その苦痛を避けるためには思い出さない、または思い出すきっかけを避けるようになります（回避）。例えば、性被害に遭った女性が加害者とよく似た体形の男性を見るとそれをきっかけにフラッシュバックが起こるので、それを避けるためにできるだけ男性に近づかないようにしたり、人がたくさん集まるところに出かけないようにするといったものです。この回避行動は、見方を変えると自分を守るために必要な対処法ともいえます。実際、回避することによって苦痛を避けることはできるのですが、そのために仕事や学校に行けなくなるなど結果的に日常生活の範囲が狭められてしまうことにもつながります。

その一方で、出来事のすべてであるいは一部が思い出せないこともあります（解離性健忘）。例えば、警察の事情聴取の際に、事件の重要な場面が思い出せないということがあります。普通、私たちはどうでもよいことはすぐに忘れてしまいますが、大事なことはずっと覚えているものです。しかし、思い出すとあまりにも苦痛であるとき、出来事の重要な場面が思い出せなくなるのです。このように、想起と忘却に関するこれらの症状は、通常の記憶とは異なりきわめて特徴的です。ＰＴＳＤが記憶の障害といわれているのはこのためです。

この他にも、ＰＴＳＤによくみられる症状として、自分自身や他者、自分を取り巻く世界に対する持続的で否定的な認知が挙げられます。また、怒りや罪責感、無力感、恥の感覚などネガティブな感情が持続的に生じたり、対人関係の変化として孤立感や疎外感をもつこともあります。

さらに、いつも緊張状態にあるために、夜なかなか寝つけなかったり、途中で目が覚めたり、熟睡できなかったり、様々な睡眠の問題が起こってきます。いつもイライラしていて怒りっぽくなったり、物事に集中するのが困難になることもあります。また、予期しない刺激に反応しやすく過剰な驚愕反応を示したり、過度の警戒心がみられたりします（過覚醒）。例えば、ちょっとした物音に過敏に反応し飛び上がるほど驚いたり、動悸が激しくなりなかなかおさまらないという場合もあります。また、帰宅し部屋の中に入ると、まずは誰か不審者がいないかどうか辺りを念入りに確認してからでないと安心できないという人もいます。このような症状は、交感神経と副交感神経の二つから成り立つ自律神経系のバランスが崩れることにより起こるものです。通常私たちは、昼間活動しているときは交感神経系が優位になり、夜寝ているときは副交感神経系が優位になるというように、一日のサイクルの中でうまくバランスを保っているのですが、過剰なストレスがかかることで交感神経系が過剰に興奮しリラックスできない状態が続いてしまいます。つまり、「いつもイライラ、ドキドキしていて常に起きている状態」と考えると理解しやすいのではないかと思います。

ここに挙げたのはＰＴＳＤの主要な症状ですが、ほとんどの人は時間の経過とともに自然に回復します。しかし、これらの症状が一か月以上持続して日常生活に支障を来すようになるとＰＴＳＤと診断されます。つまり、衝撃的な出来事のあとにこれらの症状が生じることはごく当たり前のことなのですが、それが長引いてしまうときに問題となるわけです。これには体験そのものの要因だけではなく、体験後の社会的支援や生活上の困難、パーソナリティなど様々な要因が関連すると考えられています［7］。

3 トラウマの回復に必要なこと

日常生活を取り戻す

トラウマティックな出来事を体験すると、それまでの生活は大きく変わってしまいます。特に災害などで家を失った場合は避難所暮らしを余儀なくされることもあり、不自由な生活を強いられます。このような生活環境の変化は被災者に多大なストレスを与えるとともに、今までのやり方で自分らしく生きることを困難にします。さらに、先程書いたフラッシュバックなどの様々な症状は自分でコントロールすることができず、食事や睡眠などの基本的な生活が破綻してしまうこともあります。このような場合、まずは生活を安定化させ、できるだけ普段の生活に近い状態に戻すことが前提となります。

トラウマを経験した人はその出来事に圧倒され、「どうせ自分は何もできない」「無力な人間だ」という感覚を強くもっています。自分への信頼感が損なわれると、自分では何も決められなかったり今までのように行動することが難しくなったりしますので、今まで自分は何ができていたのかという本来の力に気づいてもらうことが大切です。例えば、現在困っている症状について自分なりに対処する方法を考えることは、自分でコントロールできるという感覚を取り戻すのに役立ちます。このように自己コントロール感を回復し、自分への信頼感を取り戻すことはトラウマからの回復につながるのです。

世界への信頼感を取り戻す

トラウマは私たちの価値観や世界観にも深刻な影響をもたらします。例えば、「家に帰る途中、道を歩いていたら突然車が突っ込んでくるかもしれない」などと考えて生活している人はほとんどいないでしょう。そんなことばかり考えていると怖くて外に出ることができませんし、心配で何も手がつかなくなってしまいます。毎日のように起こっている事件や事故のニュースを耳にしても、心のどこかで「自分は大丈夫だ」といった漠然とした安心感・安全感をもっているのではないでしょうか。この感覚は世界に対する基本的な信頼感ともいうことができるのですが、これがあるからこそ私たちは日常生活を何の心配もなく送ることができるのです。

しかし、トラウマティックな出来事を体験すると、これまで漠然と抱いていた世界に対する信頼感は根底から根こそぎ奪われてしまい、人間や社会全体に対する不信感を植えつけられてしまいます。そして、「自分を取り巻く世界は危険に満ちており、もう何も信じられない」という感覚をもってしまうのです。トラウマの治療ではこのような世界への信頼感を取り戻すことが目標になってきます。

孤立しない

トラウマは現在の対人関係にも影響を及ぼします。圧倒的な恐ろしい出来事を体験すると、「このような経験をしたのは自分だけだ」と思い、周囲から孤立しているように感じてしまいます。その結果、社会的に引きこもり、周囲からの支えや援助が受けにくくなることがあります。仮に同じ出来事を体験したとしても、その体験のありようは人それぞれです。例えば、同じ災害を経験したとしても、被災状況や背景などは個々に違うわけですから、それぞれがまったく同じ体験をするということはあり得ません。しかし、その感じ方の違いが微妙にズレを生じさせ、「自分の苦しみは誰にもわかってもらえない」

と孤立感や疎外感をさらに深めてしまうことになるのです。

また、トラウマ体験後の様々な関わりの中で、他者からの心ない言葉や態度によりさらに傷つけられてしまうことを「二次被害」と呼びますが、性被害に遭った女性が身近な人に打ち明けた結果、「どうせ夜遅くまで遊んでいたんだろう」などと言われたりするのは典型的な例です。このように出来事そのものに加え、その後の不適切な関わりによって深く傷つけられると、「もう誰も信用できない」と不信感を募らせ、ますます孤立していきます。この孤立無援感こそがトラウマからの回復を妨げる大きな要因だといえます。トラウマの治療では他者への信頼感を取り戻していくことが課題となりますが、このことはひいては自分への信頼感の回復にもつながるのです。

4 トラウマを抱えた人へのカウンセリング

心理教育の重要性

トラウマの治療には後で述べるように様々な方法がありますが、その中でも「心理教育」は最も基本的かつ必須のアプローチの一つとして位置づけられています[17]。トラウマとなるような深刻な出来事を経験すると、身体の具合が悪くなったり社会生活が送れなくなったりするのは当然のことなのですが、多くの人は「自分が弱いから」このような状態に陥っているのだと思っています。さらに、このような目に遭ったのは自分に何らかの原因があったからだと自責的になる人もいます。

心理教育では、トラウマを体験するとどのような反応が起こるのかといった一般的知識や治療の方針、見通しなどをわかりやすく伝えます。特にPTSDの症状は「異常な状況に対する正常な反応」であると伝えることにより、「自分だけではない」という安心感にもつながります。このように、どのような症状が起こり今後どうなるのかについての予測を与えると同時に、それらの反応は正常であるという保証を与えることは、トラウマ治療において重要な意味をもつのです。

トラウマの心理療法

PTSDの心理療法は、トラウマを直接扱うトラウマ焦点型の心理療法とトラウマそのものには焦点を当てない支持的心理療法に大別されますが、国際的なガイドラインにおいて現時点で最も推奨されているのは、トラウマに焦点化した認知行動療法の一種である持続エクスポージャー療法です［6］。エクスポージャーとは曝露、すなわちトラウマの記憶に敢えてさらすことを意味しますが、この治療ではトラウマ記憶の想起を回避しているためにPTSD症状は持続するのだと考えられています。PTSDではトラウマ記憶が適切に処理されず、非常に生々しく断片的な状態のまま脳に保存されているということがわかっており、これは通常の私たちの記憶とは異なるものです。この治療ではトラウマの記憶に向き合い繰り返し語ることによって、コントロールできない断片的な記憶が統合され、コントロールできる通常の記憶へと形を変えていくようになります。私たちは大きな出来事を体験すると、それを他の人に話したり自分で考えたりすることによって、出来事に対する思い込み（例えば、「自分は何もできなかった」など）を修正したり出来事の記憶を筋道立てて整理できるようになり、強い感情に圧倒されるということはなくなります。しかし、その体験を思い出すことがあまりにも恐ろしく感じられると、思い出すことを回避するようになり、その記憶は十分に処理されることなく生々しい感覚をもったまま持続してしまいます。このような悪循環に陥ると、その体験を整理するという作業が妨げられてしまいますので、この治療では敢えてその出来事の記憶に向き合うことが必要になるのです。

持続エクスポージャー療法では、二つの主要な技法（すなわち、トラウマとなった出来事を思い出して現在形で語り、それを録音して繰り返し聞くことと、現実の場面でトラウマの記憶を思い出させるために避けているものに近づくこと）に加え、心理教育や呼吸法などいくつかの要素で構成されています。このエクスポージャーによって、トラウマとなった出来事（危険なもの）と、それと似てはいるが危険ではない出来事（安全なもの）の区別がつくようになります。例えば、面接の中でトラウマとなった出来事を話したとしても、今ここで再びその出来事を体験しているのではなく実際には安全だということがわかるようになります。そして、過去と現在、危険なものと安全なものの区別がつくようになり、それに伴い「世界はすべて危険である」「自分は無力である」といった認知は修正されていくと考えられています。詳しくは、引用文献をご覧ください。

これ以外にトラウマの心理療法として、ＥＭＤＲ（眼球運動による脱感作と再処理法）[27]や3節で紹介した対人関係療法[20]が挙げられますが、ここでは紙面の都合上、紹介することができませんので、引用・参考文献をご参照ください。

このようにトラウマの心理療法には様々な種類がありますが、どのような方法であってもトラウマの記憶を消すことはできません。トラウマ治療の目標は、その出来事の記憶をなかったことにするのではなく、そのような体験があっても自分で対処できるという感覚がもてるようになることだといえるでしょう。

おすすめ読書案内

金　吉晴（編）　2006　心的トラウマの理解とケア　第2版　じほう

6節　子どもたちを元気にするカウンセリング

大人はよく「あの頃はよかったなぁ…」「子どもは楽でいいなぁ…」という言葉で子ども時代を振り返りますが、はたして子どもは大人と比べたときに悩みが少ないものなのでしょうか。おそらく答えはノーでしょう。不登校，ひきこもり，いじめ自殺など，子ども時代にも悲痛な心の叫びといえる姿は少なくありません。さらに，乳幼児期に受ける虐待や，大人のうつ症状に似た特徴をもつ「サイレントベビー」と呼ばれる赤ちゃんの問題など，人生のごくごく早い時期からも子どもの心には様々な理由で影が差し得るようです。

また、心と身体の成長期にある子ども時代は、大人と比べてより強く心と身体が影響し合うという特徴をもっています。そのため様々なストレスが脳や神経に影響し、身体の症状となって現れる「心身症」と呼ばれる症状が生じやすく、心の問題が身体の問題となって表現されることが多いようです。何か強く緊張したり不安になる物事の前後にお腹が痛くなったり、熱が出たりといった経験を皆さんもおもちではないでしょうか。

ここでは、そんな大人と同じように悩む、もしくは時に子ども時代がもつ特徴ゆえに大人以上に苦しみを抱える子どもの心とその支援について考えていきましょう。

1　子どもへのカウンセリングの方法

「子どもへのカウンセリング」と聞いて、どのようなことを想像されるでしょうか。すでに前の章などで一般的な大人のカウンセリングについて読まれてきた方は「カウンセリング＝言葉でのやりとり」というイメージをおもちかもしれません。また、自分が苦しんでいる、助けてほしいという明確な自覚や意図をもって相談しにくるというイメージをおもちかもしれません。そうなると、子どももストレスによって様々な症状を抱えることはまだわかるが、それを「悩む」だとか、「自分は困っている」だなんて自覚しているのだろうか…。家族が子どもの困っている様子に気づいてカウンセリング機関や病院に子どもを連れてきてくれたとしても、子どもが自分の悩みを言葉にして語ることができるのだろうか…。そんな疑問をもたれる方も少なくないかもしれません。

心の中にあるものを言葉で伝える力が、まだ十分には成長していないということは、子ども時代の一つの特徴です。そのため、いわゆる大人のカウンセリングのように言葉でのやりとりを中心としてカウンセリングを行っていくということは少し難しくなってきます。たしかに子どもたちも「嬉しい」「悲しい」「寂しい」といった言葉を伝えてきてくれます。けれども、目に見えない「性格」や、自分の中のよい部分や悪い部分も含めて、心を意識して言葉にする力は、幼い頃からの様々なやりとりの中で少しずつ育ち、小学校の高学年辺りにかけて少しずつ花開くものだと考えられています。

では一体どうやって子どもたちとの間でカウンセリングを行うのかというと、「プレイセラピー（遊戯療法）」という、遊びを介したやりとりが用いられます。プレイルームと呼ばれるいくつかのおもちゃの設置された部屋で、子どもとセラピストがともに過ごし、その中で子どもが用いた遊びやその中で使われたアイテム、それらの使い方、表現される内容やストーリーなど、子どもがつくり出す遊びとその世界を、セラピストは子どもの心の表現として理解し、それらに込められた意味を一緒に考えていきます。子ども自身が「○○を表現しよう」と思って遊びをつくっていくわけではありませんが、大人のカウンセリングの中でその人の心の世界が様々な形で語られるのと同じように、遊びの中にその子の心の世界が映し出されることがあるのです。

2 プレイセラピーの枠組み

しかし、すべての遊びが子どもの中にある心理的テーマを表現しているわけではありませんし、ただ遊び場と相手を用意すれば自然に心が表現されるわけでもありません。例えばプレイルームに用意されるおもちゃに関しても、子どもの年齢や特徴によって様々な工夫が必要です。一般的に、いわゆるゲーム類は用意せず、お絵かきセットや工作の材料、人形セットなど、子どもが自分なりに考えて何かをつくったり表現したりすることがしやすいようなアイテムを用意します。

そして何より、子どもが安心して自分の心の世界と向き合い、それを表現しようと思えるだけの安心感をもてるような枠組みが大切になります。そこでは二つのことがポイントとなるでしょう[10]。

第一に、子どもも親もセラピストも、子どもの心を考えるためのチームであるという感覚を子どもと親がもてるようにすることが必要になります。

子どものカウンセリングの特徴として、親の存在の大きさがあります。例えば、子どもは一人ではセラピーに来ることはできず、本人がセラピーの必要性を感じていたとしても、親の協力なしに面接を続けることもできません。また、発達心理学の世界で有名なピアジェという研究者は、幼児の心と思考の特徴として「自己への中心化」(自己中心性とも呼ばれています)という言葉を提唱しています[23]。まだまだ自分と他人の考えや心を分けて考えることが十分にできない子ども時代において、自分以外の視点に立つことは難しく、様々な物事を自分に関連づけて考えてしまうのです。僕がここに連れて来られたのは、僕が何か悪いことをしたからなのだろうか…。ママは別の部屋で大人の人とお話をしているけど、それって私のことで困っているのかな…。この先生(セラピスト)と仲良くなったら、パパやママは寂しくならないかな…。子どもの心はそんな不安でいっぱいになることがあります。また子どもだけでなく、親にとっても我が子を専門家に預けるということはとても複雑な状況です。多くの親にとって、子どもを専門機関に連れてくることは、自分の子育ての自信が揺らぐ不安な出来事です。そのため、子どもが元気になってほしいと願う気持ちと同じくらいに、自分たちが努力してもよくならなかったのに、他人が関わったからってよくなるわけがない…。何か私のダメな部分を話しているんじゃないか…。などなど、親の心にも不安はいっぱいです。そんな不安が時に溢れ出して、子どものセラピーの様子を詮索してしまったり、子どもを連れてくることそのものに不安や戸惑いが出てしまったりということも少なくありません。それを子どもが察知すると、また自分に関連づけて、子どもが気を遣うようになり、自由に振る舞えなくなったり、行きたくないというメッセージを出したりすることもあるでしょう。こうした親と子の不安に寄り添い、セラピーの場にいるメンバーは皆、誰かを苦しめるためではなく、子どものために集まったチームなのだという信頼関係を築くことが大きな枠組みとなります。

第二に、安全に心の中にある怖いことや苦しいことを表現できるようになるためには、セラピストやセラピーの状況自体に、そうした感情や思いを表現しても安全であると子どもが感じていることが必要となります。

私たちが誰かに相談事をするときに、その内容が他の人に筒抜けになってしまっているとしたら安心して相談ができないのと同じように、子どもも自分の振る舞いが外に知られてしまうと感じていたら、自由に遊ぶどころではありません。また、プレイルームの空間そのものがある意味でその子の心の世界であるとすれば、そこにあるおもちゃの一つひとつが子どもにとっては心の一部となります。それなのに来るたびに違う部屋に案内されたり、同じ部屋であっても物がなくなっていたり、はたまた誰かが使った形跡が残っていたとしたらどうでしょうか。そこは自分の心を安心して表現できる場ではなくなってしまうでしょう。そして、場所や物に限らず、セラピストとの関係性そのものにも子どもは不安を抱きます。自分の中にある強い感情を出したときにこの人を傷つけてしまわないだろうか…。自分の中の弱く、みっともない部分をさらけ出したときに、この人は自分のことを嫌いにならないだろうか…。会えない間もこの人は私のことを想ってくれているんだろうか…。子どもは敏感な感性でこちらの関わりを観察しています。様々な不安から心の動きを隠そうとする一方で、不器用ながらも自分の心と向き合い、それを伝えようとする子どもたちは、時にセラピーでの約束事を破ったり、セラピストや部屋のアイテム、そして自分自身をも傷つけてしまいそうになったりすることもあります。日本ではプレイセラピーを想像する際、楽しく元気にめいっぱい発散させればよいというイメージを抱く人が多いのですが、プレイセラピーでは時に子どもの遊びや振る舞いを止めることが必要になることがあります。例えば、傷つけられた痛みや怖さを表現するために玩具やセラピストを激しく傷つけようとする子どもに対しては、そうした振る舞いを通して子どもが表現したがっている気持ちを理解しつつも、行動はきちんと制止することも大切なやりとりです。それがなければ、子どもが自分や自分にとって大切な何か（誰か）を傷つけてしまうことを容認することになります。そして、子どもが自分自身をコントロールできなくなったときに、大人（セラピスト）が自分で自分の身を守れないのであれば、困っている私（子どものことを守る力もない…と、そんなふうに感じることにもつながってしまうでしょう。

こうした二つの枠組みに支えられることで初めて、子どもは自分の心と向き合い、それを誰かと共有しようと思えるだけの安心感を抱くことができるのです。

3 プレイセラピーという不思議なやりとり

五歳の太郎くんは、何度も何度もおしっこが漏れそうだと感じて数分おきにトイレに行かないと気がすまないという症状を抱えて家族に連れられて相談にやってきました。太郎くんは周囲によく気を遣う子だそうで、我慢ばかりをし過ぎているからなのだろうか…というのが家族の思い当たる理由とのことでした。お母さんに話を聴くと、二年程前にお母さんが盲腸で入院をした後から、太郎くんは少し神経質になったように思うとのことで、そのことに罪悪感を抱いていて、子どもがこの症状を出し始めたときにすぐさま相談に来てくれたそうです。

子どもが示す様々な症状やいわゆる「問題行動」には様々な「意味」があるということが知られています[11]。SOSのサインとして、何らかの問題解決の手段として、より苦しい危険な事態に発展しないようにする安全弁としてといったように、ただなくせばよいというものではなく、どういった意味をもって現れたのかについて考える必要があります。それを理解することなしに、症状だけを取り払ってしまえばよいと考えることは、子どもからすればSOSを出すなというメッセージとして映る行為かもしれません。

また症状や性格は、子どもがかつて身近な大切な人との関係性の中で学んだ、自分の心や大切な人の心を守るための術であるという理解があります。太郎くんの周囲に気を遣うという性格も、体調を悪くして入院したお母さんを見て、家族に心配や迷惑をかけないようにしようと彼なりに考えて学び取った姿なのかもしれません。神経質な姿も、周囲の小さな変化に神経を研ぎ澄まし、彼なりにお母さんがしんどくなっていないかどうかを確認しているという心配からくる姿であると理解することも可能です。子どもにとって、自分の甘えたい気持ちや怒りといった感情を相手に向けることで、自分にとって大切な人の負担になってしまうこと（相手を傷つけてしまうこと）は、自分自身にとっても苦しいことです。そう考えると、太郎くんのこれらの姿は彼の人生のある時点では確かに必要であった身を守る手段であり、彼の心をこれまで守り続けてきてくれた、心の一部分なのです。

けれども、その守り方が今なお唯一無二の最善策であるかどうかと聞かれるとそうではないかもしれません。まだまだ幼い太郎くんが、周囲に気を遣ってばかりで自分の気持ちを我慢し続けるのは本当に苦しいことです。どうしても我慢しきれず、ふと溢れ出す彼の心の破片が、漏れそうに感じるおしっこの感覚と心の中で結びつき、症状として彼を苦しめているのかもしれません。しかし家族を傷つけるという不安の渦中にある太郎くんの視点に立って考えれば、我慢するという守り方を手放すことはとても恐ろしいことでしょう。

こうした理解に基づき、特に精神分析と呼ばれる考え方に基づくプレイセラピーにおいては、その子の感じ方・考え方を知っていき、それらを「子どもとともに考えていくこと」を積み重ねます。安心して心の動きを表現できる枠組みの中で、子どもは小さな期待と大きな不安の中で、これまで押し殺してきた様々な強い感情をセラピストに投げようと試みます。太郎くんも遊びを通して喜びや楽しさだけでなく、母親がいなくなったときの寂しさや、またいなくなるのではないかという恐れ、甘えたくても甘えられないことへの怒りを表現し始めました。人形遊びの中に一人ぼっちで泣いている赤ちゃんが登場するという形で表現されることもあれば、寂しそうに怒りながらもっと遊びたいと言ってセラピーから帰らないと訴える形でぶつけてくることもありました。セラピストはそんな太郎くんの行動に対して、実際に抱きしめてあげたり、時間を延長して遊んだりといった行動で応えるのではなく、「お別れをするともう会えないんじゃないかって、とっても寂しい気持ちになるのかもしれないね」「太郎くんの思うとおりに先生が動いてくれないと、先生がちゃんと太郎くんのことを考えてくれていないいんじゃないかって思って、ムカムカした気持ちになるんだね」と、その行動の背景にある心の動きに着目し、それについて話し合っていきます。そうして太郎くんの心の動きが言葉として二人の間に抱えられるとき、太郎くんは初めて、目の前にいる相手と、自分の中にあるイメージとを見比べることが可能となります。そして自分の感じ方や考え方、そして心の守り方が、これまで自分が思っていたもののとおりなのかどうか、本当にそれしか守り方がないのかどうかについて考えることができるようになるのです。

このようにして自分の心について、ちゃんと考えること、あるいは適切に悩めるようになるということを手助けすることが、子どもたちを元気にするカウンセリングです。より正確に言うのであれば、子どもの中にある元気で楽しい側面といった周囲にも自分自身にとっても受け入れやすい心の一部分だけではなく、悲しみや怒りなど、時に自分自身や他者を傷つけ、負担をかけてしまうと感じられるような、周囲にも自分自身にとっても受け入れることの難しい心の部分も含めた、子どもの丸ごとの心に寄り添うカウンセリングといえるでしょう。

近年では子どもと親が抱える様々な困難さを受けてプレイセラピーも多様化し、セラプレイ[4]を代表とする母子の合同セラピーや関係性そのものを援助する試みがなされたり、重い障がいを抱える子どもの浮かんでは霧散するような微かな心の動きを、感覚遊びを介してつなぎ留めるようにして主体性や関係性を育んでいったりするセラピー〔25〕など、多種多様な取り組みがなされています。けれども、先に述べたような視点はどのような取り組みにおいても基盤となる視点であるといえるでしょう。また、プレイセラピーはただ症状を緩和するというものではなく、心の様々な部分や子どもの考える力の成長を支える関わりであり、情緒の発達と思考の発達の双方を支える、心と身体の発達支援としての役割を担うものでもあります。

プレイセラピーはとても難しく、時に苦しいものですが、子どもの様々な心に触れられるとても魅力的なものでもあります。自分の心の中にいる子どもの心に思いをはせつつ、皆さんも一度この世界に足を踏み出してみてはいかがでしょうか。

おすすめ読書案内

木部則雄　2006　こどもの精神分析―クライン派・対象関係論からのアプローチ　岩崎学術出版社

D. W. ウィニコット（著）　橋本雅雄・大矢泰士（訳）　2011　新版　子どもの治療相談面接　岩崎学術出版社

C. E. シェーファー（著）　串崎真志（監訳）　2011　プレイセラピー14の基本アプローチ―おさえておくべき理論から臨床の実践まで　創元社

第2章　引用・参考文献

[1] Beckett, S.　1952　*En attendant Godot*. Les Editions De Minuit.　安堂信也・高橋康也（訳）　1990　ゴドーを待ちながら　白水社

[2] Berg, I. K.　1994　*Family-based Services: A Solution-focused Approach*. New York: Norton.　磯貝希久子（監訳）　1997　家族支援ハンドブック―ソリューション・フォーカスト・アプローチ　金剛出版

[3] Bion, W. R.　1961　*Experiences in groups*. Tavistock.

[4] Booth, P., & Jernberg, A. M.　2009　*Theraplay* (3rd ed.). Jossey-Bass.

[5] Erskine, K.　2010　*Mockingbird*. Philomel Books.　ニキ・リンコ（訳）　2013　モッキンバード　明石書店

[6] Foa, E. B., Hembree, E. A., & Rothbaum, B. O.　2007　*Prolonged exposure therapy for PTSD: Emotional processing of traumatic experiences*. Oxford University Press.　金　吉晴・小西聖子（監訳）　2009　ＰＴＳＤの持続エクスポージャー療法―トラウマ体験の情動処理のために　星和書店

[7] Friedman, M. J., Keane, T. M., & Resick, P. A. (Eds.)　2007　*Handbook of PTSD: Science and Practice*. Guilford Press.　金　吉晴（監訳）　2014　ＰＴＳＤハンドブック―科学と実践　金剛出版

[8] 福島原発事故独立検証委員会　2012　福島原発事故独立検証委員会　調査・検証報告書ディスカヴァー・トゥエンティワン

[9] 東　豊　1993　セラピスト入門―システムズアプローチへの招待　日本評論社

[10] 平井正三　2015　子どもの精神分析的心理療法　子育て支援と心理療法　**10**, 27-33.

[11] Kanner, L.　1935　*Child Psychiatry*. Springfield.　カナー児童精神医学　第二版　黒丸正四郎・牧田清志（訳）医学書院

[12] Kessler, R. C., Sonnega, A., Bromet, E., Hughes, M., & Nelson, C. B.　1995　Posttraumatic stress disorder in the National Comorbidity Survey. *Archives of General Psychiatry*, **52**, 1048-1060.

[13] 金　吉晴（編）2006　心的トラウマの理解とケア　第2版　じほう

[14] Klerman, G. L., Weissman, M. M., Rounsaville, B. J., & Chevron, E. S.　1984　*Interpersonal Psychotherapy of Depression*. Basic Books Inc.　水島広子・嶋田　誠・大野　裕（訳）　1997　うつ病の対人関係療法　岩崎学術出版社

[15] 小西聖子・白井明美　2007　「悲しみ」の後遺症をケアする―グリーフケア・トラウマケア入門　角川学芸出版

[16] Madigan, S.　2011　*Narrative Therapy*. American Psychological Association.　児島達美・国重浩一・バーナード紫・坂本真佐哉（監訳）　2015　ナラティヴ・セラピストになる―人生の物語を語る権利をもつのは誰か？　北大路書房
[17] 前田正治・金　吉晴（編）　2012　ＰＴＳＤの伝え方―トラウマ臨床と心理教育　誠信書房
[18] 水島広子　2009a　臨床家のための対人関係療法入門ガイド　創元社
[19] 水島広子　2009b　対人関係療法でなおすうつ病　創元社
[20] 水島広子　2011　対人関係療法でなおすトラウマ・ＰＴＳＤ　創元社
[21] 長江信和・廣幡小百合・志村ゆず・根建金男・金　吉晴　2004　日本の大学生における外傷的出来事の体験とその影響　トラウマティック・ストレス　**2**(1), 77-80.
[22] 岡野憲一郎　1995　外傷性精神障害―心の傷の病理と治療　岩崎学術出版社
[23] Piaget, J.　1923　*Le langage et la pensée chez l'enfant*. Delachaux Et Niestlé.　大伴　茂（訳）　1954　児童の自己中心性　同文書院
[24] 斉藤　環　2015　オープンダイアローグとは何か　医学書院
[25] 榊原久直　2013　前言語期のＷｅｓｔ症候群のある子どもへの心理臨床的関わりへの一考察―関係発達臨床の視点から　心理臨床学研究　**31**(3), 421-432.
[26] 坂本真佐哉・東　豊・和田憲明　2001　心理療法テクニックのススメ　金子書房
[27] Shapiro, F.　1995; 2001　*Eye Movement Desensitization and Reprocessing: Basic principles, protocols, and procedures*. Guilford Press.　市井雅哉（監訳）　2004　ＥＭＤＲ―外傷記憶を処理する心理療法　二瓶社
[28] Weissman, M. M.　2006　A Brief History of Interpersonal Psychotherapy. *Psychiatric Annual*, **36**(8), 553-557.

第3章　カウンセリングが教えてくれる困ったときのヒント

私たちの人生には、様々な節目やピンチが訪れることがあります。そのような局面にカウンセリングはどのように役立つのでしょうか。ここに挙げる例は、そのようなピンチのほんの一握りだと思います。それらがみなさんの抱えている問題や悩みそのものではないにしろ、解決の仕方は何かしらのヒントにつながることでしょう。どうぞヒントをお探しください。

1節 気持ちが落ち込んでやる気が起きないとき

人によって程度に多少の違いはあるかもしれませんが、「落ち込み」を感じたことのない人は稀ではないでしょうか。しかも、とてもつらく苦しい感情の一つでもありますね。一般に、私たちは様々な場面でこうした「落ち込み」を経験します。

例えば、親友と仲たがいし和解する糸口が見出せないとき、テストや受験などに失敗したとき、大切な人や物を失ったとき、引っ越しやクラス替えで好きな友達と離ればなれになったとき、好きな異性からフラれたときなど、いろいろな場面がありますね。

そうは言っても、多くの場合、事態が少しずつ好転したり、次のチャンスで物事がうまく運んだり、あるいは新しい出会いがあったり、友達や家族に話をよく聞いてもらったりするなどして、いつの間にか「落ち込み」を感じなくなり、日常の落ち着いた気持ちに戻ることができます。ただ注意しなければならないのは、大切な人の死のように、気分の解消が難しいような出来事であったり、事態が複雑であったりした場合、「落ち込み」の感情から脱出することが難しくなり、次第に何事にも「やる気が起きなく」なり、生活全般の質が低下してしまうこともあるということです。一般的には、以下のような事柄が二週間以上続くようであれば要注意です。例えば、日中沈んだ気持ちから逃れられない、好きだったことや趣味にまったくと言ってよいほど手がつけられない、夜眠れなくなる、食欲がなくなる、自分を否定してしまう、気力が湧かない、死にたい、などです。

こうした「落ち込み」に代表される感情（悲しみ、憂うつ感、空虚感、自罰感、無気力感など）のことを、専門的には「抑うつ感情（気分）」と呼びます。今述べたように、こうした「抑うつ感情（気分）」にはレベルがあって、比較的早い段階で解消できるレベルのものから、カウンセリングや薬物療法などの専門的な援助を受けたほうがよいレベルのものまであります。

この節では、「抑うつ感情（気分）」を解消するうえで少しでも皆さんのお役に立てるようなヒントについて、次のような二つのレベルから述べてみたいと思います。

1　比較的早い段階で解消できるレベル

正直なことを言いますと、私たち専門家でも、落ち込んでいる人を前にしたときに、この状態が専門家によるカウンセリングや薬物療法が必要な状態なのかどうかを一目で判断することはそう簡単なことではありません。「落ち込み」そのものの状態、そこに至った理由や現在までの経過について詳しく聴かせていただく中で、徐々にそうした判断がつくものです。

ただ、これからするいくつかのアドバイスは、「抑うつ感情（気分）」をもったときに、そうした気持ちをどのようにとらえたらよいのか、そしてそこを踏まえてどのように生活するのがよいのか、さらには、日頃からどのような心がけをしておけば深刻な事態に対抗できる心を育てられるのか、といったような内容です。ですので、仮に、専門的な援助が必要になるようなレベルの問題であっても、とりあえずの対処法として知っておいて損のない内容ですし、比較的軽度なレベルの問題であれば、それだけで十分解消可能なヒントになるはずです。

それでは「抑うつ感情（気分）」とは一体どのような感情なのか、から見ていきましょう。

一言でいえば、「失恋、友人とのいさかい、失敗などの衝撃的な体験によって心が傷ついたときに出てくる感情の一つ」となります。そして、その最大の特徴は、傷つくような事態を招いた責任が「自分」側にあるといった自己否定の形をとるという点です。

水島によれば、衝撃的な体験をすれば、人は必ず何らかの心の傷つきを経験し、加えて「もうこれ以上傷つきたくない」という気持ちから、人や自分に対する警戒心が高まるようになるとされています[21]。「抑うつ感情（気分）」は、自分を責めるという形で心が傷ついていることを私たちに教えてくれる代表的な感情ですが、そこにとどまらず、これ以上の傷つきを避けるという目的から、自己否定の傾向に拍車がかかり、問題を起こさないよう自分自身に対して厳しく執拗なチェックを行っては、さらに自信を失うといった悪循環に陥りやすい感情でもあります。

こうした「抑うつ感情（気分）」の性質を踏まえて、どう対処するのがよいか考えてみましょう。

まず、「人は何らかの衝撃的な体験をすると心が傷ついてしまう」ということに注目しましょう。傷つき方は、衝撃的な出来事の内容、本人の性質やコンディション、その人を取り巻く現在の人間関係などによって様々ですが、共通するのは、どれも苦痛を伴うような否定的な感情であるという点です。例えば、怒り、不機嫌、寂しさ、落ち込みなどです。いずれにせよ、こうした否定的な感情が出てきているときには、まず、その感情を受けとめてほしいのです。誰だってショックなことがあれば傷つくのです。人間の法則といってもよいくらいです。

逆に、「こんなことくらいで落ち込むなんて情けない」「落ち込むのは自分が弱いせいだ」などと「抑うつ感情（気分）」がある自分を責めたり、否定したりすればするほどつらい感情は長引きます。まずは、誰にでも生じる「当たり前の感情が起こっている」と自分に言い聞かせください。

次に、感情には、その人に何かを知らせるサインが必ずあると知っておくことも大切です〔22〕。「抑うつ感情（気分）」は、「しばらくの間、心の回復のために、心を休めてください」ということを私たちに知らせてくれています。心を休めるとは、傷ついた自分の心をねぎらい、いたわることです。しばらくの間、気を使うような場面や状況からできるだけ距離をとり、好きな音楽を聴く、映画鑑賞をするといったリラックスのための時間や趣味のための時間を多めにとってみましょう。同時に、親友や家族につらい気持ちを聞いてもらったり、そういう人たちと楽しいひと時をもつことも自分の心をいたわるうえで効果的な方法です。

念を押しますが、間違っても、弱い自分を鍛えるために、気力で乗り越えようと努力することだけは避けてください。何を馬鹿なことを、とお思いの方がいるかもしれませんが、意外とこういうやり方でこじらせている方が多いのも事実です。

大きくこの二点に配慮しながら生活をしていけば、心は徐々にいつものエネルギーを取り戻し、本来の自分らしくなっていきます。ということは、深刻な事態に至ることへの一つの予防策にもなるのです。

しかし、先にも述べましたように、「抑うつ感情（気分）」がなかなかおさまらず、加えて、眠れない、食欲がない、頭痛がするといった身体的な問題が起こるようであれば、やはり、専門的な援助も視野に入れるべきでしょう。

2 カウンセリングや薬物療法などの専門的な援助を受けたほうがよいレベル

表3－1をご覧ください。

ここに書かれている内容は、「落ち込み」に代表されるような「抑うつ感情（気分）」が病気のレベルにあるかどうかを調べるときに用いられる項目です。

過去二週間以上の期間、表に書かれている(1)か(2)のいずれか、あるいはその両方を含めて、全部で五つ以上の項目が当てはまれば、うつ病という病気である可能性が高いです。もっとも、病気であるかどうかの最終判断は医師（精神科医または心療内科医）が行うことになっていますので、早急に受診し、診断してもらってください。

もしも、うつ病と診断された場合、病状や進行の具合によって、薬物治療やカウンセリング、あるいは福祉的な支援などを受けることになります。主治医とよく話し合い、今後の方針を共有しながら養生することが必要になります。また同時に、次のようなことを頭においておくことも役に立つと思います[19]。

まず、うつ病をれっきとした病気であると位置づけることです。うつ病は、遺伝（それに基づく脳の働き）、幼少期の養育体験、本人のパーソナリティ、その時代の社会情勢、現在のストレス状況などが組み合わさって起こる多元（多因子）性の疾患です。ですので、本人のやる気や気力、根性で何とかなるような性質のものではありません。逆に言うと、本人の意志で病気になったり、症状そのものに変化を起こしたり、治したりできないのがうつ病といえます。

そこをしっかり認識しておかないと、周囲の人のみならず、本人までもが、うつ病の状態を「怠けている」「気力がない」「意志が弱い」状態と勘違いしてしまい、自らを追い詰めた結果、つらい状況がいつまでも続くということにもなりかねません。くれぐれも、周囲の人々も含めて、全員でうつ病の正しい理解に務めましょう。

さらに、病気であるということは、専門家による適切な援助によって回復が可能ということです。安心してください。

表3－1　うつ病の診断基準

以下に示すような症状が同じ２週間の期間に５つ以上続く場合、うつ病の可能性が高い。

（1）ほとんど１日中、ほとんど毎日続く抑うつ気分
（2）ほとんど１日中、ほとんど毎日続く、興味、喜びの喪失
（3）著しい（１か月に５kg 程度）体重の減少、または増加
（4）不眠、または過眠がほとんど毎日ある
（5）強い不安や焦りのために行動に落ち着きがなくなったり、あるいは逆に動けなくなるようなことがほとんど毎日ある
（6）疲労感、または気力の減退をほとんど毎日感じる
（7）自分には価値がないと感じたり、自分を責めるような気持ちがほとんど毎日ある
（8）ほとんど毎日、思考力や集中力、判断力が低下している
（9）繰り返し死について考える／繰り返し死にたいと考える／そのための計画をたてる／実際に行動に移す

＊ DSM-5　精神疾患の分類と診断の手引（American Psychiatric Association, 2013／高橋・大野, 2014）の内容を一部改変した。

ただしいくら回復が可能だからといって、本人は受身で待ってさえいればよいというわけではありません。病気の進行状況に合わせて、回復が進みやすくなるような土台をつくりましょう。例えば、決められた頻度で病（医）院やカウンセリングに通う、決められたとおりにお薬を飲むなど、専門家の意見に従って協調しながら療養に取り組むことです。

また、一時的には職場や学校からの負担を一部軽減してもらう（休職、保健室登校など）といった措置も覚悟しておいてください。病気のときは、周囲の人に肩の荷を一部引き受けてもらったり、休息を優先することがあってもよいのです。病気の内容が手術やリハビリを必要とする身体疾患であれば当たり前なように、心の病でもこのような措置が必要となるのはまったく不思議なことではないのです。

最後に、うつ病は本当につらく苦しい病気です。しかし、病気になることは本人にとってマイナスなことばかりではなく、これまでの生活を見直し、より幸せで質の高い生活を取り戻すチャンスにもなり得るのです[19]。

私たちは往々にして、「自分のことは自分で…」「人に迷惑をかけてはいけない」など、たとえ苦しい状況にあっても人に頼らず、自力で頑張り続けることが美徳のように考えてしまいがちです。心にエネルギーが満ち溢れ健康であるときは、確かにそれでよいのかもしれませんが、私たちの心はいつも万全の状態であるとは限りません。苦しいときには、仕事の一部を引き受けてもらったり、つらい気持ちを聞いてもらうなど、周囲の人から何らかのサポートを求めることがあってもよいのです。

うつ病から回復するときには、家族や友人、同僚などから陰に陽に何らかの形でサポートを受けるものです。決して特殊な体験などではなく、私たち人間はこれまでも、程度の差はあれ、人と人との支えによって様々な難局を乗り越えてきたのです。

苦しいときには、「人に頼ることがあってもよいのだ」ということを身をもって知ることができただけでも、私たちの生活は大きく変わってくるといえそうです。

おすすめ読書案内

水島広子　2009　対人関係療法でなおすうつ病　創元社
水島広子　2008　「うつ」が楽になるノート―みんなの対人関係療法　PHP研究所

2節　子どもが学校に行けなくなってしまったとき

1　不登校の現状

不登校の問題が社会問題として認識されるようになったのは一九七〇年代頃ですから、かなりの時間が経ったといえます。しかし、社会として十分な解決策が提供できているとはいえないでしょう。平成二十七年の文部科学省による「不登校に関する調査協力者会議」の中間報告［4］によると、現在わが国の小・中学生における不登校生徒の数は、およそ十一万人ほどです。十二万人を超えていたピークの頃よりは、若干減少しているものの近年は十一万人から十二万人の間で推移しているようです。

またそのうち、小学生は二万人ほどで、中学生は九万人ほどです。平成二十五年のデータでは、中学生の三十七人に一人が不登校です。つまり、クラスに一人の不登校生徒がいることになります。決してめずらしい問題ではありません。

とはいえ、わが子が学校に行かなくなってしまったならば、誰しも平然と構えていることはできないでしょう。当然ながら不安になったり、落ち込んだり、家族内でもめたりと様々なことが起こるのではないでしょうか。

子どもが学校に行けなくなってしまったら

子どもが学校に行けなくなってしまったら、まずは子どもに事情を聞くでしょう。きっかけがはっきりしている場合もあるかもしれないし、そうでないこともあるかもしれません。しかしいずれにしろ、学校の先生に相談して対策を練ることができるでしょうし、必要でしょう。

先の報告書では、不登校の再登校に有効であった方策として、学校の先生の家庭訪問や電話などによる働きかけが多かったようです。「最初の一週間が重要」と述べる専門家もおり［35］、当然ながらそこでは学校の先生が重要な役割を果たすことになるはずです。

しかし、残念ながらすぐに解決できない場合、家庭の中では様々なことが生じてくるようです。カウンセリングの現場で不登校の問題を抱えた家族の方と話をすると、次のようなことがわかってきます。例えば、何が悪かったのかについて原因追求をすることがほとんどです。なぜ行けなくなったのかがわからないと解決できないのではないか、と多くの場合考えるからです。その場合、原因を誰かに求めてしまい、悪者探しになってしまいます。

両親は子どもへの関わりについて、お互いを責めてしまうかもしれません。例えば、母親は父親の関わりの少なさを責め、父親は母親が甘やかしたからだと責めるという具合です。不安になりますからそのようなことが起こってきます。もちろん、自分を責めてしまい、落ち込んでしまうこともあります。このような状況で自信満々でいれる親はおりませんから。

また、家族以外の誰かに相談することもあるでしょう。残念ながらそこでも悪者探しになってしまうこともあります。親戚や知人などから、「あなたが甘やかしているから」などと言われてしまうこともあるかもしれません。

このようなことを経験すると家族は当然傷ついてしまいます。不安になっていることに加えてさらに自信を失いますから、本来もっている解決への力や行動へ向かうはずの気持ちがなかなか出てこなくなってしまっても不思議ではありません。

2 原因論から離れてみよう

先の報告書［4］にある平成十八年度調査で、不登校のきっかけは友人との関係が52・3%、生活リズムの乱れが34・2%、勉強がわからないが31・2%の順でした。しかし、おそらく原因は多様かつ複合的です。いろいろなことが複雑に絡んでいます。また、これまでのカウンセリングにおける私の経験から、きっかけ（原因とおぼしきこと）と解決は必ずしも一対一で対応しているとは限りません。

例えば、子どもが訴えた問題を学校の先生に伝えてクラス内で調整してもらったにもかかわらず学校に行けない、ということも多々あります。そうなると今度は、「子ども本人が甘えている」などと本人に対する否定的な見方が生じるかもしれませんし、そう見られることでますます行きづらくなることもあるでしょう。

このように原因探しは、悪者探しにつながってしまいますから、原因をあれこれ考えても解決しない場合、原因探しは一旦棚上げするほうがよいかもしれません。

では何を目安に子どもを支援していけばよいのでしょうか。実はそこが不登校の難しいところだと感じています。

3 不登校の困難どころ

不登校の問題を抱える家族の困難は、やはりどうしても登校への焦りが出てくることではないでしょうか。

学校に行かなくなると、朝起きることが難しくなり、日中を寝て過ごすことが多くなります。当然夜更かしをするようになるでしょう。そして夜中にゲームをして過ごす。つまり、昼はダラダラ、夜ゴソゴソ。家族は気が気ではないでしょう。

「朝起きないからいけない」「ゲームばかりするからいけない」ということで朝になって起こそうとしたり、ゲームを取り上げようとしてもうまくいかないことが多い。

しかし、考えてみると、学校に行けない状態で日中に起きているというのは苦痛以外の何ものでもないかもしれません。「今頃みんな勉強してんだろうな」とか、「休み時間だな」なんてことが頭に浮かぶと同時に、「自分はなんでこんなことしてるんだ」と自分を責めることになるかもしれません。

また、そのようなことをぐるぐる考えていれば、前向きに何かに取り組むなんてこともできないかもしれません。ゲームくらいしかすることがない、というのが本当のところではないでしょうか。時に、不登校の子どもから「ゲームをやりたくてやってるんじゃない」という声を聞くことがあります。

つまり、怠けていて昼間に寝ているというよりも、起きていられないからであるし、ゲームくらいしかできることがないから仕方なくしているということではないでしょうか。

しかし、家族は学校を休んでゴロゴロしたり、ゲームばかりしていることが気になる。だから注意したり叱ったりする。子どもは反発する。互いにストレスがたまる。疲れ果てる。というような状況になることが多いように思います。

仮に、少しくらい前向きな行動があったとしても、家族は「でも、まだ学校に行けない」という気持ちから抜け出すことが難しいようです。そこには、家族としての義務感や自分を責める気持ち、期待、歯がゆさ、いら立ちや焦りなど様々な気持ちがごちゃ混ぜになり、子どもとの間での摩擦につながっているのだと思います。

子どもの状態を建物にたとえて理解する

このようなとき私はカウンセリングで、学校に行けない子どもの状態を図３－１のような地上１階、地下２階の建物にたとえてみることがあります。

地上階は、社会生活ができる状態。つまり、好きなことはもちろん、好きではないかもしれないけど勉強や仕事などやらねばならないことができる状態です。反対に地下２階は、やらねばならないこともできないし、好きなこともできない状態。実は、ここは親子でもめることはあまりありません。なぜならば、好きなこともできないくらい元気のない状態ですから、両親も心配のあまり勉強を強要することなどないからで

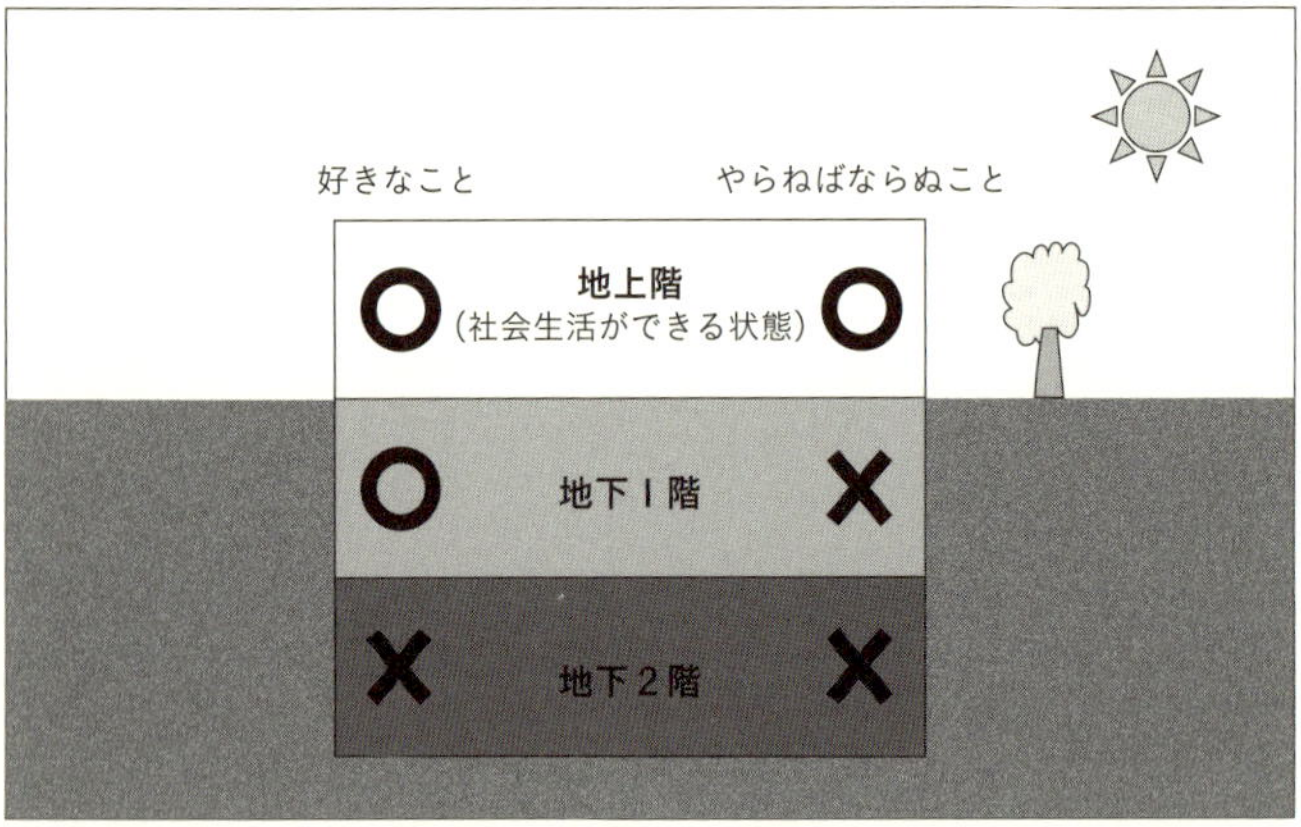

図３－１　地上１階、地下２階の建物になぞらえたもの

す。

一番難しいのは、地下1階の状態。好きなことはできるけれども、勉強などやらなければならないことはできないという状態です。両親からすれば「ゲームなど好きなことができるのになぜ勉強ができないのか」とか、「マンガを買いに本屋には行けるのにどうして学校には行けないんだ」ということになります。

しかし、この状態はまだ地下1階ですから、社会生活はできない状態なのです。この状態での好きなことも細く見ていくと、微妙に段階があります。好きなことでも受身的なことしかできない時期は、まだ地下2階に近い状態。例えばゲームやぼーっとテレビを眺めること。しかし、少しずつ元気が出てくると少々準備の必要なことができるようになってきます。例えば、魚釣りとか、自分で絵を描くなど。昔好きだったことでしばらくやってなかったことを思い出してやってみるということもあるかもしれません。

さて、このように建物にたとえて考えてみることでどのようなよいことがあるでしょうか。

ゴールは多いほうがよい

具体的な事例で考えてみましょう。中学校二年生のたかしくん（仮名）は、一年生の間は勉強や部活動に頑張っており、毎日学校に通っていました。しかし、二年生になった頃に部活の友人との間でトラブルがあり、部活をやめてしまいました。その頃より、少しずつ欠席の日が多くなり、一学期の終わり頃には連続して休むようになってきました。夏休みは元気に過ごしていましたが、両親の期待とは裏腹に二学期になってもまったく学校に行くことができませんでした。

現在のたかしくんは、朝起きることができません。最初こそお母さんが起こそうとしていましたが、効果もないため途中からはあきらめてしまいました。ゲームをする姿を見ると母親もついつい口を出してしまいますので、たかしくんが部屋から出てくることも少なくなってしまいました。かろうじて、食事のときは顔を出します。母親は専業主婦であるため、食事の世話はしてあげるのですが、ついつい顔を見ると小言を言ってしまいます。たかしくんも、小言を言われるとイライラして、時にはいら立って近くの物を投げたりしてしまいます。先生が訪問してくれると話をすることはできましたが、なかなか学校に行くことができないので、先生と相談してカウンセリングを受けることにしました。

カウンセリングには、両親が訪れました。たかしくんも誘い、前日までは行くつもりでしたが、当日になると起きてこなかったようで、とりあえず両親で行くことにしました。お母さんは、たかしくんがゲームばかりしていることや生活リズムがおかしくなっていること、それらについて指摘するとけんかになってしまうことなどについて話しました。ゲームはできるのに勉強は手につかないので、このままでは高校に行けるのかどうか心配であるとお母さんは話しました。横でお父さんもうなずいています。

カウンセラーは、たかしくんの状態を地上1階、地下2階の建物になぞらえて説明しました。お父さんとお母さんは、確かに学校を休み始めた当初は今よりもふさぎ込んでいて、ゲームもあまりやっていなかったように思う、と述べました。

カウンセラーは、「その頃と比べて元気が出てきたな、と思うところはどのようなところですか?」と尋ねました。お父さんとお母さんはしばし考え、一時期はゲームもやらないくらいふさぎ込んでいたけど、最近は新しいゲームが欲しい、などと言うようになってきたこと、しかし、学校に行っていないので買わないほうがよいのではないかと考え、買ってあげてはいないそうです。その他にも、好きなマンガの発売日には、夜になってからコンビニまで買い物に行くようになってきたことや時々はお母さんの料理を手伝うようになったこと、などを語ってくれました。また、最近は学校の友達が帰りがけに寄った際、顔を出して挨拶ができるようになってきたこと、そのときの表情はまんざらでもなさそうであることや一週間に一度くらいは教科書を開いて眺めていた形跡があったことなども話してくれました。

カウンセラーは、「学校に行けなくなってしまっているときには、学校に関係するものは思い出したくもないものだと思うが、そのような中で教科書を開いたというのは、たかしくんのどのような気持ちからでしょうか?」と尋ねました。両親は、「やはり高校に行きたい気持ちがあるからでしょう」と答えました。さらにカウンセラーは、どうしてそれがわかるのか、と尋ねると、最近になって「高校には行きたい」と口にするようになった、とのことです。

カウンセラーは、「たかしくんがもう少し元気になってきたとしたら、どのようなことができるようになるのでしょうか?」と尋ねました。両親は、友達と遊べることや、一人でゲームソフトを買いに出かけることや、自転車に乗って外出ができるようになるのではないか、と答えました。

両親はカウンセラーと会話を重ねる中で、たかしくんはまだ学校に行くことはできていないが、彼なりに将来のことを考えていることや、まだ本調子とはいえないながらも少しずつ元気を取り戻しつつあることに思い至り、それまでの焦りが少しだけ減ったようだ、と述べました。ゲームのことや朝起きることなど、現時点で改善の難しいことについてはひとまず棚上げして、たかしくんの笑顔が少しでも増えていくためにどのようなことができるのかについて考えていくことになりました。

カウンセラーの最後の質問、「たかしくんが元気になったら…」に対して両親の答えてくれたことは、すべて起こってほしいこと、望んでいること、つまり「ゴール」です。サッカーと違って、カウンセリングでゴールは一つでなければならないということはありません。大きいゴール、小さいゴール、遠いゴール、近いゴールなどたくさんあればたどり着く可能性も高くなります。

このようなゴールについて会話を重ね、そこに向かっていけるという気持ちと自信を高めていくこともカウンセリングの役割の一つです。

4　正しい方法よりもよい方向に向かう方法が正解

不登校の原因について考えることが解決につながらない、ということは前に述べました。また、唯一の正しい解決方法というものがあるわけではありません。また、ある方法にこだわり過ぎてしまうと、うまくいかないときには相手のせいにしてしまうということがあります。

例えば、生活リズムを整えることが唯一の解決策だと決めつけていると、それがうまくいかないときには、それができない本人のやる気がない、とか、それをさせられない両親がいけない、などということになりかねません。もちろん、生活リズムも大切なのですが、それを正そうとしてもうまくいかないときには、視点を切り替え、他のゴールを目指していくことも必要でしょう。その際の一つのヒントが、元気なときの本来の子どもの有り様を思い出すことです。唯一のゴールや方法にこだわるのではなく、柔軟に希望やのぞみについての会話を重ねる、そしてその方向に少しでも向かう方法がよい方法になるのです。

ただし、ここで述べたことは不登校の問題に対するカウンセリングのほんの一端です。不登校へのカウンセリングによる支援には本書の第2章に取り上げたものやさらにそれ以外にも様々な理論と方法があり、それぞれ効果をあげています。カウンセラーと出会った際には、カウンセリングの方針や方法について十分に話し合い、納得できる方法で子どもへの支援を考えていくとよいでしょう。

おすすめ読書案内

J．ウィンスレイド・G．モンク（著）小森康永（訳）２００１ 新しいスクール・カウンセリング―学校におけるナラティヴ・アプローチ 金剛出版

吉川 悟・村上雅彦（編）２００１ システム論からみた思春期・青年期の困難事例 金剛出版

黒沢幸子・森 俊夫・元永拓郎 ２０１３ 明解！ スクールカウンセリング 読んですっきり理解編 金子書房

3節　子どもの発達が気になったとき

たくさん遊んで、たくさん笑って、時に喧嘩をして…、そんな何気ない子どもの姿を見て、温かな気持ちになったことのある人は少なくないかと思います。ある調査によると、子育てをしているお母さんの約八割以上の人が、子どもを育てる中で「子どもを可愛いと感じること」や「子どもを育てることの楽しさ」を経験し、「自身の成長の実感」を体験しているようです。しかし同じ調査の中で、「イライラ」「心配」「自信のなさ」といった不安感や負担感を約六割の人が感じていることも明らかとなっています[11]。子どもという存在は、私たち大人にとって、よくも悪くも、様々な感情をかき立てるもののようです。

1　発達にアンバランスさを抱える子どもと「気になる子」

子どもをめぐる心配事の一つとして、「子どもの発達」があります。発達心理学は、子どもの心身の成長に関する心理学であり、これまでにたくさんの知識を与えてくれています。今では「○歳頃までには～ができるようになる」といった情報を多くの人が知りながら子育てをするようになりました。同時に、「○歳になったのに、～ができない…」という心配をする人も増えてきているのが現状です。子育て相談や発達相談をしていると、「生まれてきてくれたときはただそれだけでよかったはずなのに、気がつけばいろんなことを期待してしまって…」と苦笑される親の声をよく耳にするのですが、こうした心配や期待をするのも、我が子の健やかな成長を願う親心なのでしょう。

子どもの発達は、一人ひとりのもって生まれた個性（遺伝的要因、気質、体質など）を土台にしながら、その後の人生の中で様々な経験を通して積み重ねていくものであり、大なり小なりの個人差が出てくるものです。そのため、みんな同じスピードで成長をしていくのではなく、平均的なスピードで発達した子どもと比べて、何らかの理由で発達に凸凹した部分をもつ子どもも当然いることとなります。そうした発達にアンバランスさを抱える子どもの中でも、近年広く世間に知られることになったのが「発達障がい」と呼ばれる生まれつき脳の機能に困難さの種を抱える子どもたちです。

発達障がいにもいくつかの種類があるのですが、親を始め、保育士、教師など広く子どもと関わる人々の間でよく耳にする言葉として「自閉スペクトラム症（ＡＳＤ）」や「注意欠如・多動症（ＡＤＨＤ）」があります。前者は「言葉や身振りの使用を含めたコミュニケーションの困難さ」や、特定の物事のやり方を繰り返したりする「こだわり」など、対人的・社会的な面での難しさを特徴としています。後者は「不注意」や「多動・衝動性」といった行動面での困難さを特徴としています。なお、どちらの特徴も、知的な発達の全般的なゆっくりさ（知的発達症）を伴う場合もあれば、そうでない場合もあります。

こうした困難さの種は、それをもつ人ともたない人とが存在するというよりは、大なり小なり皆がもっているものです。そしてその特徴をより色濃くもつときや、日々の生活の中で本人やその家族が身の回りのサポートや自身らの努力では困難さに対処しきれないと感じたときに、病院で診断名がつけられることとなります。また、診断名がなくとも、周囲の人が子どもの発達のスピードや振る舞いに違和感を覚える場合には、「気になる子」と呼ばれることがあります。

2 「気になる子」を取り巻く人々が抱える困難さ

では、そうした特徴をもつ子どもやその家族が抱える困り感というものは一体どのようなものでしょうか。

「気になる子」と呼ばれていた子どもたちが大人になった後で、自分たちの抱える様々な感覚の特徴や、それによってどれだけ苦しめられてきたかということを語ってくれることがあります。目の前の人に視線を向けて話を聞こうとしても、視線が刺さるように感じられて目を合わせられない。黒板の文字を写そうとしているのに、前の子の頭が動くとどうしても目がつられてしまう。他の子と遊びたくても、うまく気持ちが言葉と結びつかないし、誰かが来てくれても相手が何を考えているのかがわかりにくいので、怖くてとっさに避けてしまう。歯が抜けた後のような違和感があって体を動かしていないと気持ちが悪い。これらはほんの一部の例ですが、こうした様々な感覚的な特徴に振り回されるようにして、時に人を避けたり、何かにこだわったり、動き回ったりといった行動をとらざるを得ないのが彼らにとって生まれてから続く日常なのだと考えると、それは本当に生きづらい世界でしょう。

しかしこうした特徴は他人からは見てわからないものです。もっと言えば、本人たちにとってもそういった特徴を抱えているということなど、そうそう自分で気づけるものではありません。その結果、なぜだかわからないけど、うちの子どもだけ他の子どもと同じことができない…と、家族も同様に振り回されることとなってしまうということも、彼らを取り巻く大きな困難さの一つです。障がいと呼ばれるものは、子どもの中だけではなく、子どもを取り巻く関係性全体の中にあるものなのです。

「気になる子」と呼ばれる子どもたちの振る舞いは、一目見たところでは普段一緒にいる親であってもその意図はつかみづらいことが多いです。どうしていつも洗濯機のドラムが回るのをずっと飽きずに見続けているのだろうか。どうしていつもの道順で家に帰らないと突然泣き出してしまうのだろうか。周りにいる人の頭には「?」のマークがたくさん浮かびます。さらに子ども自身、自分の思いや気持ちを言葉にして相手に伝えるということに難しさをもっているため、彼らから送られてくるヒントは、時に激し過ぎる形であったり、また時に気づかないほどの微かな表現になったりすることが多いです。日々のあわただしい生活の中でそうした振る舞いに込められたメッセージを読み解くことは本当に難しい作業です。

この「わからない」という状態は大人も子どもも本当につらい状態です。「子どもの気持ちをわかってあげられない自分は親としてダメだ…」「私のことが嫌いだからこんなことをするのだろうか…」と胸を痛めたり、パニックやかんしゃくとしか言い表すことのできない子どもの感情の爆発にさらされて「どうしてこの子は（私の気持ちを）わかってくれないのか…」と無力感や怒りに飲み込まれたりすることもあるでしょう。また同じような感情を、子ども自身も同様に抱いているかもしれません。そんな状態が続くつらさは計り知れず、気づけば自分の心が傷つかないように、お互いに、相手に関心を向けたり期待したりすることをあきらめてしまうこともあるでしょう。

さらに、はじめのところで書きましたが、「〇〇障がい」やその特徴といった知識を見聞きするようになった今、昔と比べて、こうした子どもたちの振る舞いが、決して子どもが悪ふざけをしているからではないことや、親のしつけの問題ではないということが知られるようになりました。これは本当に子どもや家族にとって重要な変化であります。

しかしその一方で、子どものよくわからない振る舞いを、例えば「あれは自閉スペクトラム症のこだわりという特性だ」といったふうに受け取ってしまい、そこに子どもなりの心の動きが伴っているという事実を見落としやすくなりつつあります。

子どもに関する様々な専門的な情報は、時に普段の生活の中では見えにくい子どもの心の動きや、その土台となる子どもの見え方や感じ方（外の刺激をどのように受け取り、どのように処理するかといった特徴）を私たちに教えてくれる顕微鏡や望遠鏡となります。しかし使い方を誤ると、一転して子どもの立場から考えるということを妨げる色眼鏡にもなってしまいかねないことを意識しておく必要があるのです。

3　「気になる子」の成長と関係発達

「気になる子」と呼ばれる子、特に「発達障がい」という脳機能の困難さを抱える子どもたちは、発達にアンバランスさを抱えると書きましたが、ここからは彼らの成長（発達）について考えてみましょう。

「生まれつき脳に問題がある」「発達の障がいがある」という言葉を目にすると、あたかも彼らは一生治らない、発達できないといったイメージをもたれる方も少なくありません。たしかに現代の医療の力では、彼らの脳を障がいをもたないといわれる人の脳とまったく同じ状態にすることは難しいかもしれません。しかしそれは、決して彼らが成長しないということを言っているわけではなく、彼らも確かに成長することができる存在なのです。

子どもは身近な他者との関係性の中で成長するという考え方を心理学では「関係発達論」[14]と呼びます。この視点から考えたとき、「気になる子」を取り巻く様々な関係性はどのようなものになりやすいでしょうか。

生まれつき脳機能の困難さ（困難さの種）をもって生きる彼らの生活は、本来経験できたはずの楽しい体験や嬉しい経験を他の子どもと比べて得にくく、代わりに失敗したり、わけがわからず怖い思いをしたりといったつらい経験につながりがちです。このような経験の偏りが積み重なっていくと、自信をもって何かにチャレンジしたり、安心してくつろいだりすることはとても難しくなります。反対に、不安にかられて自分なりにできることだけにこだわることも増えていきます。もって生まれた困難さの種が子どもの中にある場合、それが本人の体験する様々な他者や外界との関係性を歪め、長い月日の積み重ねによって、結果的に診断基準や本などに書かれているような「○○障がい」がもつとされる特徴や行動をより色濃く形づくっていくことが考えられます。このように、「○○障がい」のある人がもつとされる特徴や行動の中に含まれる、生まれもった困難さの種があるがゆえにその後の人生の積み重ねの中で形成されていった後天的な部分を、関係発達論の立場では「関係障がい」[10]と呼んでいます。

特に最近では、子どもの成長には傍にいる大人側の「子どもの視点から物事を見る能力」が非常に重要であるということがわかってきています[33]。子どもがどのように感じ、考えているのか、また子どもから見たときに、関わっている自分たちの行動や意図はどのように映っているのかといったことを、子どもの立場に立って考えることが、子どもの心と身体の発達を支える重要な役割を担っているのです。

前の部分にも書きましたが、こうしたお互いに「わかる」という関係性を築きにくいことが、「気になる子」と呼ばれる子どもたちを取り巻く関係性の最も苦しい部分の一つです。しかし同時に、彼らの成長を支える重要なキーワードにもなる部分であるともいえるのです。そう考えると、子どもの発達が気になったとき、その「気になる子」と呼ばれる子どもだけでなく、その子を取り巻く様々な関係性のそのものを支えていくことが重要になるのです。

4　関係性を支える二つの柱

「子どもの立場から考える」ということを一つの目標としたとき、「気になる子」と呼ばれる子どもとその周りにいる人たちの関係性には二つの支えが必要になります。ここでは子どもと親をイメージしながら話を進めていきましょう。

一つ目の柱は、子どもと親にとって「安心で安全な環境を整えること」です。子どもと大人のどちらに対してもいえることですが、不安な状況ではうまく力を発揮することはできません。逆にいえば、子どもがもつ特性が強く表れているときや、親が子どもに寄り添ってあげにくいときには、何らかの不安が生じていると考えることが有効なことが多いです。

子どもは今何をすればよいのかわかっているでしょうか。今しようとしていることは子どもの力のレベルに合っているでしょうか。見通しの立たない状況や、自分の力に合わない課題というものは大人にとっても苦しい状況ですが、子どもたちにとってはもっと苦しいものです。専門書や専門家、他の大人たちの知恵を借りつつ、子どもの現在の力や特徴を理解し、それに合った環境づくりやスケジュールをつくることができるだけで、子どもはぐっと生きやすくなります。

また、どれだけ親に子どもを想う気持ちがあったとしても、保育園への送迎の忙しい時間帯や、電車の中など他の人たちの視線が気になる場面、部屋を散らかされたり転んで怪我をしたりするのではないかと心配な状況などでは、子どもの心を理解するということは本当に難しいものです。反対に、ゆったりと一緒にお風呂に浸かっているとき、夜寝ている子どもを見つめているとき、誰か信頼できる人と子どもが遊んでいるのをただ眺めているときなど、親自身の心に少しだけ余裕ができたときには、ふと子どもの気持ちを感じ取れることができたと語られる方はたくさんいます。安心できる環境は、子どもだけでなく子どもを支えてくれる親にも必要です。

もう一つの柱は、大人が「子どもの立場に立って考える練習をすること」です。やり方はたくさんあるのですが、例えば「気になる子」と呼ばれる子どもを抱える親のカウンセリングの中で行う活動に「セリフ当て」というものがあります。子どもの日常の何気ない行動に、心の中であったり、もしくは実際に声に出したりしながら、吹き替え映画にセリフや効果音をつけるようにして声を当てるのです。

子どもの様子を見守っていると、ついつい手や口を出したくなるのですが、そんな気持ちをぐっとこらえつつ、子どもがどんなことに興味関心をもっているのかに思いをはせて、まずは想像を膨らませてみることがスタート地点です。ある人は、なにやら一心不乱に画用紙にクレヨンで円を描き続けている子どもに対して「ぐるぐる～」と子どもの手の動きに合わせて口ずさんでみたそうです。またある人は、滑り台の階段のところでもじもじとしている子どもを見守り、傍で「ビューンって滑ってみたいけど、ちょっと怖いかなぁ」と心の声を代わりに言葉にしてみようとしたそうでした。するとほんのわずかな反応ですが、そうしたこちらからの問いかけに、子どもが何かしらの返事や反応をして教えてくれるときがあるそうです。

こうしたやりとりの積み重ねは、「その子」の心の動きや、それを考えることをその子自身から学ぶことにつながるものです。またその中で、子どもも少しずつこちらに伝えようという気持ちを向けるようになってきてくれるというお互いの成長の機会にもなるのです。

こうした関わりは、まだまだ子どもが自分ではうまく抱えきれない気持ちを親が言葉にしてやりとりをつくっていくという、赤ちゃんとお母さんのコミュニケーションと似ているかもしれません。ごくごく素朴な関わりではありますが、このようにして子どものもつ特性や心の動きを理解しながら関わってくれる親やその他の身近な他者との関係性が深まっていくことで、発達障がいを抱える子どもたちの成長が見られるということはいくつかの研究や実践で報告されています〔31〕〔32〕。

子どもの発達が気になったとき、それは子どもと周りの人々との関係性を改めて見つめ直す必要があるときなのかもしれません。子どもの心の動きを寸分の狂いもなく理解するということは一生かかってもできないことかもしれませんが、理解しようとする試みは、時に子どもと心が触れ合う瞬間を私たちにもたらしてくれます。その積み重ねは、ただ関係性だけを変えるものではなく、子どもが発達への歩みを自らの足で一歩進むことを後押しすることにつながっています。あなたの心で掴んだ子どもの心の動きを、まずは子どもに尋ねかけてみてはいかがでしょうか。

おすすめ読書案内

滝川一廣　2013　子どものそだちとその臨床　日本評論社
滝川一廣・小林隆児・杉山登志郎・青木省三（編）　2003　自閉症とともに生きる　そだちの科学　創刊1号　日本評論社
東田直樹　2007　自閉症の僕が跳びはねる理由―会話のできない中学生がつづる内なる心　エスコアール

4節　食事の問題を抱えてしまったとき

皆さんは「神経性やせ症（以下、拒食症と呼びます）」や「神経性過食症（以下、過食症と呼びます）」という心の病のことを耳にしたことがあるでしょうか。専門的には、こうした拒食症や過食症を代表とする深刻化した食事（食欲や食行動）の問題のことを「摂食障害」といい、専門家による適切な支援が得られないと、その後の生活に多大な影響をもたらしかねないものと考えられています。

厚生労働省の『平成二十六年　患者調査』によると、「摂食障害」の患者数は、一九八四年から二〇一四年にかけて約五倍に増加し、二〇一四年の推計患者数は約三万人でした[13]。今でも大きな社会問題となっている年間の自殺者数とほぼ同じ数の人々が、この病気で悩んでいるということになりますね。決して珍しい病気ではありません。しかも、十代に発症する例が年々増加しており、低年齢化の傾向を示しています。男女比では、女性が全体の90％と圧倒的に多いのが特徴です。

スリムであることがもてはやされる現代社会にあっては、ダイエットを目的とした食事制限やそのリバウンドによるドカ食い、さらにはストレスによるやけ食いなどは、流行や人間関係に敏感な多くの若者がすでに経験済みだったりします。そんな中、いきなり「摂食障害」という心の病から話が始まり、驚かれた人も多いと思います。しかし、何も皆さんすべてが「摂食障害」という心の病に罹っているなどと言うつもりはありません。ただ注意していただきたいのは、こうした日常のダイエットややけ食いなどが「摂食障害」の入り口となっている例が少なからずあるという事実です。実際、何らかのダイエット行動をしている人たちは、そうでない人たちよりも「摂食障害」に罹る可能性が七倍以上高いという報告もあります[7]。

1　ある事例から

私がカウンセラーとして関わったある女性は、幼少の頃からふくよかな体型で、ある時期まではそのことで悩むことなどなかったそうです。ところが、小学校高学年から始まった男子からのからかいをきっかけに、自らのふっくらとした体型に若干の違和感を抱くようになりました。そして、中学入学後のある時期から、大好きなスリムな芸能人を目標にダイエットを始めたのでした。当初は順調に思えたダイエットも食欲旺盛な彼女が継続するには耐えがたく、第二次性徴による体型の変化とも相まって、いつの間にかダイエットとリバウンドを繰り返す状態になりました。それと呼応して、ダイエットのことがいつも気になり、やせられないことへの不安や焦りとともに食品カロリーへのこだわりも強くなっていきました。

そんなときに、同じようにダイエットに励む友達から聞いた「いっぱい食べたって平気よ！　私、食べ過ぎたら吐くようにしてる」という体験談に触発され、恐る恐る試すようになりました。最初は月に一回、食べ過ぎたときに吐く程度だったのが、気づけば、二回、三回と増えていき、同時に、吐く前は通常では到底考えられないほど大量の食糧を口にするようになっていたのです。

高校生の頃には中肉中背のほぼ標準的な体型になっていたようですが、放課後になると大量の食材を買い込み、過食と嘔吐を繰り返すような毎日でした。日中はカロリー計算に明け暮れ、体重の増減によって一喜一憂し、食べることを我慢しようとすればするほど気持ちが落ち着かなくなります。また、過食と嘔吐のあとは決まってヘトヘトになり、すぐあとから、空虚感、過食嘔吐をやめられない自分への嫌悪感、この先どうなるのかという不安感でいっぱいになりました。「摂食障害」、厳密にいえば過食症という病気の門が開かれたのです。こんな状況にありながら、私のもとを訪れたのは、その後五年が経った大学三年生のときでした。中学生の頃にダイエットを始め、いつしか自らの力では制御できなくなり、五年以上もの歳月、誰にも相談できず一人苦しんできたのです。

先にも述べましたように、ダイエット経験者のすべてがその後「摂食障害」という心の病に罹るわけではありません。しかし、様々な要因が重なり、先の例のようにダイエットのことが頭から離れなくなり、不安や焦りの気持ちが続いてしまったり、さらには自分の意志ではもはや食事制限や過食嘔吐を止められなくなったりするのです。こうなると、専門家による支援が是非とも必要です。と同時に、私たちにできることは、「摂食障害」とはどのような病気であるのか、正しい知識をもつことです。

2　摂食障害とはどのような病気か

「摂食障害」には、主として拒食症と過食症があります。表３－１には、病気であるかどうかを調べるための基準が書かれています。これらの基準が三か月以上続けば、病気と診断されることになります。

少し補足しますが、拒食症も過食症も「やせたい病気」であるという点で共通しています。拒食症は、ストレスに関連したダイエットから発症します。体重の減少によって一時的に快活にはなりますが、その後もかたくなに食事制限をやめようとせず、食べさせようとすると、パニックを起こすなどして見るからにひどいやせ状態に至ります。一方、過食症もダイエットから発症しますが、拒食症とは違って、

表3－1　摂食障害の診断基準

【拒食症】

A　必要となるカロリー摂取を制限し、年齢、性別、成長の程度、身体状態から期待される標準的な体重を大きく下回る

B　低体重にもかかわらず、体重増加や肥満になることへの恐怖が強くあり、何らかのダイエット行動を持続する

C　自分の体重や体型に対する感じ方（体験の仕方）の障害、体重や体型の自己評価に対する過剰な影響、あるいは低体重の重大さに対する一貫した否認

◆タイプ（過去3か月間の状況で判断する）

摂食制限型：過食や排出行動（嘔吐、緩下剤や利尿剤の使用、浣腸の濫用など）がなく、ダイエット、断食、過剰な運動による体重減少が特徴的なタイプ

過食・排出型：過食や排出行動（嘔吐、緩下剤や利尿剤の使用、浣腸の濫用など）を繰り返すタイプ

【過食症】

A　以下のような過食の特徴を繰り返す

（1）「過食時間」として区別できる時間内に（例：1日のどこか2時間以内など）、ほとんどの人が同じような時間内や状況で食べる量よりも明らかに多い食事を食べる

（2）過食しているときは、食べることを制御できない感覚（例：食べるのを辞めることができない、食べるものや食べる量を制限できないなど）がある

B　体重の増加を防ぐために不適切な「代償（埋め合わせ）行動」を繰り返す。例えば、嘔吐、緩下剤や利尿剤の使用、絶食、浣腸の濫用など

C　過食と不適切な「代償（埋め合わせ）行動」がともに3か月以上続いており、平均して週に1回起こっている

D　自己評価が、体重や体型によって過剰に影響を受けている

E　現在、拒食症の診断を受けていない

＊ American Psychiatric Association (2013) [2] の内容をできるだけわかりやすくなるよう改変した。改変にあたっては、水島 (2007) [17] を参考にし、一部引用した。

ダイエットの反動からやけ食いが起こり、今度は太ることへの恐怖から嘔吐や下剤使用を繰り返すといった代償行動が特徴の病気です[17]。先に述べた事例は、過食症の典型例です。どちらも、「やせたい」という気持ちが見て取れると思います。

さて、以降は拒食症、過食症に分けて、それぞれの病気の特徴を述べていきます。その前に両者に共通する重要な点を三つ覚えておいてください。

まず、第3章1節で述べたうつ病と同じように、「摂食障害」は、遺伝（それに基づく脳の働き）、幼少期の養育体験、パーソナリティ、現在の社会文化的状況、現在の対人ストレスなどが組み合わさって発症する多元（因子）性の疾患ということです。決して、本人のわがまま、意志の弱さ、間違った生き方などの現れではありません。病気の状態にある人は、自らの意思で症状を選ぶことはできませんし、一度発症するとそこからの経過を自らの力でのコントロールすることはできないのです[20]。

次に、拒食症も過食症も本質的に不安の病であるということです[18][20]。詳細はそれぞれの病気別に説明しますが、「摂食障害」の症状は圧倒的な不安に対抗する中から生じるものです。そして、こうした不安の感じやすさに大きく影響するのが、もともと本人に備わっている性質である「心配性」です。「心配性」傾向が高い人は、他の人と同じような環境にいても、ストレスを感じやすいことが知られています[17]。同時に、こうしたストレスへの対応を誤ったり、繰り返しストレスとなるような状況にあると、不安は増大し悪循環に陥りやすいのです。ですので、こうした不安がどのような状況の中で起こっているのかを振り返り、起こっている不安を解決するためのスキルを培うことこそが支援の要になります。

最後に、拒食症、過食症ともに、発症、持続、回復のどの段階においても、自信（自尊心）がとても大きく関与します。不安を解決するためのスキル獲得も、その結果としていったん失いかけた自信を取り戻すことにつながるのです。

拒食症

拒食症を発症する人は、もともと、「人に頼らず自分の力で生きる」というルールで物事を乗り切る傾向が強いと考えられています[18][20]。そして、そこには、生まれながらにしてもつ「心配性」に加えて「粘り強さ」という性質の強さが関与していることもわかっています[17]。「粘り強さ」とは、こだわりの強さを意味し、あることを辛抱強く熱心に継続する性質です。つまり、拒食症を発症する人は、物事に対して不安を感じやすいため、自分なりのルールにこだわり、安心感を保ってきたといえます。

ただ、残念ながら、そうしたルールが成長のどの時点でも通用するとは限りません。特に、思春期という発達段階が一つの山場になります（事実、「摂食障害」の発症率もこの時期に急激に上がります）。

例えば、小学校中学年くらいまでは、特に誰にも頼らず自分のペースで勉強すればそこそこの成績が得られます。言い換えれば、自分のこれまでのやり方が十分通用します。しかし、中学、高校となると、学ぶ内容は格段と難しくなるため、これまでのやり方で以前のような成績を維持することは難しくなってきます。やはり、勉強の仕方に何らかの変更や工夫（課外に先生に質問に行く、友達に教えてもらう、場合によっては、塾に通うとか家庭教師をお願いするなど）が必要になってきますよね。

「人に頼らず自分の力で生きる」ルールといったような、何らかのこだわりと無縁なところで生きてきた人であれば、先のような場面は、いくつかの工夫で難なく乗り切ることができる問題だと思います。しかし、拒食症に至るような人にとっては、持ち前の「心配性」や「粘り強さ」の性質からしても、自己のやり方が通用しないという状況は、ジャングルにさまよったときと同じくらいのインパクトをもつ「変化」といってもおかしくないですね[17]。さらなる不安につながりますし、自信喪失にもつながります。しかも、思春期という時期は、勉強に限らずクラスメートや親との関係などでも複雑さの程度はグンと増しますね。「変化」に伴う不安が蓄積しやすい時期ともいえます。

その点、流行のダイエットは、自らのやり方で対処しやすい領域です。自らのやり方が通用するということは、安心感が得られやすいということでもあります。具体的にいえば、食べる量を減らせば体重は減少しますし、やせれば周囲からの評価も上がります。自分の努力が目に見えて実を結ぶのです。誰の力も借りず「自分で努力するタイプ」の人には格別の方法といえます。

しかし、ここからが落とし穴になります。皆さんもお気づきのように、ちょっとした食事量や運動量の変化で多少の体重増加は起こるものです。完全にコントロールすることなど無理な話です。しかし、拒食症に至るような人にとっては、わずかな体重増加も、繰り返し述べてきたようにそれは自分のやり方が通用しないことを意味すると同時に強い不安を引き起こす事態となります。そのため、ストイックに過激なダイエットをするという悪循環が起こります。専門的にいえば「強迫的（やめようにもやめられない状態）」なダイエット行動とも呼びますが、この言葉には、自分のみならず周囲の人（特に母親）をも、不安回避のためのがんじがらめなルール（カロリーや食事量の管理など）に巻き込み、過激なダイエットを強めてしまうという意味合いも込められています。

このような経過から、病的ともいえるやせ状態にありながら、体重を増やそうとしない、あるいは増やすことに過剰な不安や恐怖心がある状態、つまり拒食症が成立します。

過食症

過食症の場合、生来の性質として「冒険好き」「心配性」の性質をもつ人が多いようです[23]。「心配性」は、拒食症になりやすい人にも認められる性質でしたね。いろいろなことが心配になったり怖くなったりしやすい傾向です。過食症になる人も、拒食症同様、様々な場面で不安を感じやすい傾向をもっているのです。そしてこのことが、過食症の人に多い、表面的には明るく振る舞っているのに「怒りなど特に否定的な気持ちを相手に伝えられない」「人からどう思われているのか気になる」といった傾向にも結びついています。

次に「冒険好き」です。一般的には、好奇心や衝動性の強さを意味しています。「心配性」とは違って、拒食症になりやすい人にはみられなかった性質です。過食症になりやすいような「冒険好き」な人は、その好奇心や衝動性ゆえに、流行のダイエットにすぐに飛びつき、実際の行動に移しやすいタイプと考えられています[17]。

拒食症の場合、ダイエット行動のスタートは、これまでの行動パターンが通用しなくなったことによる自信喪失感や不安から立ち直るための必死な選択でした。体重減少という目標を、自分流のやり方で達成できていることで得られる安心感が重要な要素でしたね。一方、過食症になりやすい人の場合、それほど深刻な形でダイエットがスタートするわけではありません。むしろ、持ち前の好奇心や衝動性がそうさせるといったほうが正確ですし、流行のファッションや体型に関心の強い、思春期の女子ならではの現れ方ともいえるでしょう。

過食症で問題なのは、ダイエット後の経過です。そしてここに大きく作用するのが「心配性」の性質です。持ち前の好奇心でダイエットを始めたとはいえ、同時に不安や心配も強くもっているのが過食症になりやすい人の特徴です。

こうした人々は、車に例えると「アクセル」と「ブレーキ」の板ばさみ[17]という緊張（ストレス）の中、冷静でその場にふさわしい適応行動（つらい気持ちを誰かに相談する、いったん自分に何が起こっているのか振り返るなど）をとることが難しい状況にあるといえます。そこでとり得る行動は、その場しのぎのストレス発散行動であるダイエット行動あるいはその反動としての過食行動（過食行動にはその代償としての排出行動——嘔吐、下剤使用なども含まれます）になりがちです。

とはいえ、どの行動をとっていても「冒険好き」と「心配性」の性質は働いているわけですから、自己のとった行動に対して十分な満足感は得られずエスカレートしていきます。と同時に、行動をうまくコントロールできない自分に対して罪悪感や無力感、焦り、不安などを感じ、さらなる自信喪失や身近な人との不和につながることもあります。

このようにして、過食症は着実に病気として当人を苦しめるようになるのです。

3　「摂食障害」解決へのヒント

「摂食障害」についておおよその理解は得られたでしょうか。正しく理解しておけば、それだけ正しい支援や対処法の道筋が見えてきます。いくつかのヒントを紹介します[17][18][20]。

一つ目に、すでに述べましたが、拒食症も過食症も病気であることを理解しましょう。病気であるということは治す方法があるということです。

二つ目に、拒食行動や過食行動は「摂食障害」の症状であるため、自らの力ではコントロール不能であることをしっかり理解しましょう。無理にコントロールしようとすると、自分を追いつめることになり、逆に病気が長引きます。これまでに詳しく述べてきたように、こうした行動は、強い不安への対処法として起こってきたものです。結果として食行動が適正な状態になることが目標ではありますが、取り組むべきは、膨れ上がった不安をいかに軽減するかということです。

三つ目に、こうした強い不安は、日常の対人関係、様々な状況の変化といったストレスによって大きく影響されることを理解しましょう。

そして、最後に、不安を扱ううえで重要なことは、不安そのものをどうにかしようとするのではなく、まずは、病気の状況にある今は不安が起こってきても当たり前と受け入れましょう。そのうえで、不安を引き起こす対人関係の問題、変化の状況をできるだけ客観的に見直してみましょう。

具体的にいうと、「誰とのどのような場面で、本音が言えないと感じているのか」「本音が言えないと感じるときに、自分に何が起こっているのか（どのような感情を抱いているのか）」「こうした状況が食行動とどう関わっているのか」などをできるだけ客観的に見直しましょう。

こうしたことができるようになってくると、結果として不安は軽減し、食行動にも変化が起こってきます。そして、失いかけた自信も戻ってきます。

とはいえ、自分一人で取り組むにはやはり限界があると思います。自分の気持ちをよくわかってくれる家族や友人、何よりもカウンセラー、精神科医などの専門家に協力してもらうことも是非考えてみてください。きっと力になってくれると思います。

4 おわりに

本節で述べた内容が、食事の問題を抱えてしまった人、あるいはその関係者の方々に少しでもお役に立つことができれば幸いです。

ただ残念なことに、紙幅の都合上、説明不足な部分や、十分触れることのできなかった事項が多くあります。関心のある方は、是非、参考文献に挙げた水島広子先生の著書をあわせてお読みいただきたいと思います。私が専門とする対人関係療法の日本における第一人者であり、「摂食障害」治療の経験がとても豊富な精神科医です。

おすすめ読書案内

水島広子　2007　拒食症・過食症を対人関係療法で治す　紀伊国屋書店
水島広子　2009　焦らなくてもいい！「拒食症」「過食症」の正しい治し方と知識　日東書院
水島広子　2010　摂食障害の不安に向き合う—対人関係療法によるアプローチ　岩崎学術出版社

5節　大きな不安に襲われるようになってしまったとき

不安はたとえてみれば目まいのようなものである。人の目が大口を開いている深淵をのぞき込むようなことがあると、彼は目まいをおぼえる。ところでその原因はどこにあるかといえば、それは彼の目にあるともいえるし、深淵にあるともいえる。なぜなら、彼はじっと見おろすようなことさえしなければよかったのだから。

キェルケゴール「不安の概念」より

1　不安、この不確かなもの

不安は、私たちにとても身近な感情です。大事な試合や発表を前に「果たしてうまく乗り越えられるかしら」と気になって仕方がなかったり、もっと漠然とした将来に思いを巡らせて、何となくざわざわとした気持ちになるとき、そのような心の状態を表すのに「不安」というのは便利な言葉です。しかし、実際のところ、不安の感じ方や程度は様々であり、不安を明確に定義するのは以外に難しいものでもあります。ある事典によれば、不安とは「恐怖・苦悩・混乱・罪悪感・抑うつなど、様々な不快な感情や気分を含むものであり、身体的な苦痛や違和感を伴うことも多い」ものと説明されています〔26〕。このことは、不安だけを独立した状態として体験したり表現したりすることの難しさを示唆しています。「心配」も似たような意味をもつ言葉ですが、「心配する」とか「心配事」という表現があるように、ある程度対象が明確な場合に用いられます。対象が明確であれば、具体的な対処を施し心配を解消できる可能性が高まります。一方、不安の方は、「不安する」「不安事」といった使い方はあまりされず、大抵はただ「不安である」と表現されます。あるいは本節のタイトルにあるような、「不安に襲われる」といった用いられ方をする場合もあります。このように、不安は、対象がより不確かで、ただそういう状態として体験する以外にない操作のしがたいもの、それゆえ、時に主体の心を離れ外側から襲ってくるように感じられることもある、身近でありながら扱いづらいものであるといえるでしょう。

2　正常な不安と病的な不安

身近な感情である不安も、程度や頻度が高くなれば、病的な不安、すなわち、症状の一つとみなされ治療の対象となります。病的な不安の基準としては、持続期間が長く、不安の程度が強く、予期不安（強い不安の発作が起きるのではないかという不安）があり、周囲が理解しづらいことなどが挙げられます。しかし、そもそも理由が不明確だからこそ不安なのであり、正常な不安と病的な不安との境界線はそれほどはっきりとしたものともいえません。とはいえ、不安症（不安を主な症状とする疾患の総称）には、「全般性不安障害」（慢性的な不安や多様な身体的症状が続く状態）、「パニック障害」（強い不安を伴うパニック発作と予期不安が続く状態）、「恐怖症」（特定の対象に対する過剰な恐怖反応）など様々なものがあり、何らかの不安症の生涯有病率（生涯の間にその病気が発症する割合）は16％程度と、決して低くはありません。また、多くは十代から二十代に発症し、早期に治療しなければその後、様々な併発症（最初に発症したのと異なる不安症やその他の精神疾患を発症し同時に抱えるようになること）が生じる確率が高くなることが明らかになっています［6］。日常生活を脅かされるほどの不安が続くときには、専門機関を利用することにより、それを和らげるためのサポートを受けることができます。

3　不安を和らげる方法

不安症の治療には、薬物療法と心理療法（カウンセリング）とが行われています。薬物療法では、「抗不安薬」と呼ばれる、脳の中枢神経に作用し、脳内の活動を沈静化させることにより不安や緊張を和らげる作用のある薬物が主に用いられています。抗不安薬には様々な種類がありますから、体質や状態に合わせて処方してもらう必要があります。

心理療法にも様々な種類があります。不安の緩和を目指している点ではどの心理療法も共通していますが、不安という情緒状態をどのように理解し扱うかはそれぞれ異なります。例えば、認知行動療法は各種の不安症に対して有効であることが知られている心理療法です［6］。認知行動療法においては、不安などの本人が望まない情緒的反応は、現実とは異なる歪んだ「認知」（もののとらえ方や考え方）が自動的に生じる（自動思考）結果であるとみなされます。そこで、歪んだ認知を修正し、不安を生じるような自動思考を自らの意志でコントロールできる状態を目指します。具体的には、認知の歪みへの気づきを促し、不安を喚起する刺激に対処するためのリラクゼーション法を修得するといった技法が用いられます。

力動的精神療法も、いくつかの不安症に対する効果が認められている心理療法です［6］。力動的心理療法では、不安を含むあらゆる症状やその訴えは、クライエントの心の一部を表現するやり方であり、クライエントがそれを通じて環境と関わる方策の一つでもあると考えます。心理療法を通じて、クライエントは、セラピストとともに不安などの症状を含む自分自身や、関係を築くのに症状がなぜ必要であったのかを理解していきます。それにより、症状に頼ることなく他者や周囲の環境と安定した関係を維持することが可能となり、症状の緩和に寄与すると考えます。このような説明だけでは伝わりにくいかもしれませんので、私が体験した心理療法から短い素材を紹介したいと思います。

【事例】「自分がない」と感じていたAさん

二十代の女性クライエントAさんは、「周囲の人から自分がどう見られているか」が気になり、常に不安で落ち着かない日々を過ごしていました。それでも何とか、周囲の期待を汲み取りそれに応えようとすることで、それまでの人生を送ってきました。しかし、それは彼女の心をすり減らすようなやり方であったため、私が出会った頃のAさんは、「自分のすることすべてが自分の意志なのか人に合わせているだけなのかわからない。自分がない」というほどに頼りなく追い詰められた状態でした。

Aさんとセラピストである私は、週に一回五十分間の面接を継続するという契約を結びました。しかし、実際にはAさんは、都合がつかないと言ったり何も言わなかったりして、とにかくいつも一か月か二か月くらい先の日程で次回の予約を希望しました。面接にやってくるAさんは、洗練された装いで礼儀正しく、内省的でした。おそらくそのためでしょう、私はAさんが二人で決めた契約を守っていないという事実を彼女に伝えることができずにいました。

一年ほどが経過した頃に、Aさんの礼儀正しさの中に私は違和感を抱くようになっていました。確かに、一か月や二か月に一度お会いする程度の頻度では、前回やこれまでにお話しした内容を思い出すのに時間がかかるといったことはあり得るかもしれません。しかし、Aさんは、それにしても不自然ではないかというほど、何事も一から説明をしてくれるのです。私は、Aさんは私がAさんとこれまでに会って話したことを何一つ覚えていないという前提で私に会っているのだと感じるようになりました。

しかし、Aさんはなぜそのように振る舞わなければならないのでしょう。私は、Aさんが私からどう見られているかを気にしているのだと感じました。そして、Aさんが人目を気にしなければならない理由がそのことと関係しているように思いました。そこで、「話した内容を覚えていてくれるだろうと思うことは、私を頼りにすることのようにAさんは感じるのですね。Aさんがいつも一からお話しをされるのは、ほんの少しでも私を頼ってはならないと思うからですね」と伝えました。

すると、それまでいつものように穏やかな様子で座っていたAさんの表情がみるみる険しくなり、「先生は何も答えを教えてくれないじゃないですか！　頼りたくても頼らせてくれないのは先生のほうじゃないですか！」と声を荒げたのです。この出来事に最も驚いたのはAさん自身でした。それはAさんにとっても私にとってもつらく、二人の関係が危機に直面するようなことでもありましたが、Aさんは、抑えてきた怒りを表現することで彼女自身が存在していることの実感を得ました。

その怒りは、彼女を頼らせてくれない者へと向けられていました。後に彼女はその源が母親に対する感情であることを想起しました。Aさんにとって母親は、しっかりしているAさんを褒めてくれる人でした。母に褒められたいというのはAさんの母に頼りたい気持ちの表れですが、そのためには母を頼りにしないしっかりとした娘でなければなりませんでした。Aさんは、子どもらしい甘えを抑制し、しっかりした娘として育ち、しっかりした社会人となり、また妻や母になりました。それはAさんの性格の一部としてすっかり馴染んでしまい、わざわざしっかりしていると褒められることもなくなっていきました。

もはや何のためにそうしているのかわからないまま、そして心から消え去ったわけではない頼りなく弱々しい自分が露呈してしまうのを恐れながら、Aさんはしっかりした人として振る舞い続け、それを彼女に強いる人々への怒りや憎しみをつのらせていったのでしょう。

そのように自らの不安を理解していく過程そのものが、セラピストにしっかりしていない彼女を露呈することでもありました。そのようにして、次第にAさんは過剰に人目を気にして不安に苛まれることがなくなっていきました。

4　不安とともに生きる

薬物療法にしろ、心理療法にしろ、不安の軽減に役立つことはあっても、不安をまったく感じないようにすることができるわけではありません。十代の男性クライエントBさんは、五年ほどにわたる心理療法を終えようとする面接の際にも不安を訴えていました。彼はそもそも、誤解されることへの不安や恐れから、文字や言葉の使い方に強いこだわりがあり、思うように話したり書いたり考えることができなかったのですが、何とか日常生活に支障のない程度に落ち着くことができたので、私たちは心理療法を終えることにしていました。彼はこう言いました。「僕は今不安です。でも、僕の『不安』と先生の『不安』は違う。だから、『僕は不安です』と言ったらすぐに『僕は今何と言いましたか』と先生に尋ねたい」。Bさんは、五年前と変わらず、「不安」という言葉を使うことにこだわり、自分の不安を不安という言葉で私に伝えることができないのではないかと不安になっています。しかし、同時に、彼はそのような「わからない」不安を、言葉を通じてセラピストに伝えようとすることができており、その程度には不安に耐えることができてもいました。このように、不安はなくなるわけではなく、Bさんに抱えられるものとして存続していますが、私たちは、それが可能になっているということを確認し、予定どおり私たちの心理療法を終結しました。不安を抱えるクライエントが心理療法を必要としなくなるのは、不安がなくなったときではなく、不安にもちこたえられるようになったとき、不安を抱えながら何とかやっていけそうだと思えるようになったときであるといえます。それを、私たちは便宜上、「正常な不安」と呼んでいるわけです。

キェルケゴールは、不安を目まいにたとえました。そして、不安を生じるのは、外部の状況（深淵、大事な試合や発表等々）とそれに近づこうとする人（のぞき込む目、試合や発表にエントリーすること等々）双方の問題であると論じています[8]。どんなに高い場所にいたとしても「下さえ見なければ怖くない」なら、そのようにしてうまく不安を回避し生きていくことも可能でしょうか。しかし、それでも私たちはのぞき込んでしまうでしょう。では深淵とは何なのでしょうか。おそらく、Aさんが母に心から甘えたい気持ちを閉じ込めたところ，Bさんが言葉に変換される前の生々しい感情を置いてきたところ，私たちの誰もが，普段は存在しないかのように過ごしている心の一部を預けているところなのだと思います。フロイトは，そのような，当人に意識されず存在している心の一部を「無意識」と名づけました[27]。不安は心の深淵，すなわち無意識の存在を私たちに気づかせてくれるサインのようなものです。ですから，不安をなくすことは，不可能であるというだけでなく，望ましいことでもありません。不安に襲われるとき，私たちは自分でも気づかずに深淵をのぞき込んでいるのですから，思い切ってそれを直視してみるのも悪くない，そのようにして不安とともに生きていくことは，私たちの生をより深く豊かなものにしてくれるのではないでしょうか。

おすすめ読書案内

坂野　登　2015　不安の力—不確かさに立ち向かうこころ　勁草書房

6節 大切な誰かを亡くしたとき

私たちは人生のあらゆる局面で、大切な人やものとの別れを経験します。精神分析学では、近親者の死や失恋、失職など愛着や依存の対象を失う体験を「対象喪失」と呼んでいます[25]。喪失する対象は様々ですが、本書では大切な人との死別について考えてみたいと思います。

1 大切な人を亡くしたとき

もし大切な誰かを亡くしたら、あなたにどのようなことが起こってくるのでしょうか。また、そんなときはどのようにすればよいのでしょうか。以下に示すいくつかの事例は、あなたが困ったときの解決のヒントになるかもしれません。

【事例1】親友を交通事故で失った女子高校生

A子さんの親友は学校からの帰り道、A子さんと別れた直後に、歩道に突っ込んできた車にひかれました。すぐに病院へ救急搬送されましたが、意識が戻らないまま数日後に亡くなりました。

死亡直後、A子さんは親友の死が信じられず呆然としていましたが、次第に悲しみが押し寄せてきて勉強も手につかなくなってしまいました。A子さんを最も苦しめていたのは、事故当日、いつもと違う道を通ったために親友は事故に巻き込まれたのだと考えており、親友の死は自分に責任があると感じていたことです。そして、「自分だけが幸せになっては、亡くなった親友に対して申し訳ない」という考えに囚われるようになり、当時付き合っていた恋人とも別れてしまいました。

そのうち夜も眠れず、食事もほとんど喉を通らなくなり、心配した母親に連れられて病院を受診しました。

当然の反応であると知る

大切な人を失うと遺された人には様々な反応が引き起こされます。例えば、A子さんのように不眠や食欲不振などの身体症状を経験したり、亡くなったことが信じられず現実感がない状態が続くかもしれません。また、亡くなった人のことを思い出しては涙が止まらなかったり、罪悪感を感じてしまったり、亡くなった人の声が聞こえたり、集中力がなくなり今までできていたことができなくなることもあります。

喪失のあとに共通してみられる反応を「悲嘆（grief）」と呼びますが、これは身体的・感情的・認知的・行動的な反応の総称であり、単に悲しみの感情だけを指すのではありません。また、大切な人を亡くすという体験は個々人によって異なるため、誰一人として同じ悲嘆を経験するということはありません。喪失に伴う悲嘆はきわめて多様であり、しかも個別性の高い経験であるということを理解しておくことが大切です。

また、普段はあまり経験しないような様々な反応に困惑し、「自分はおかしくなってしまったのではないか」と不安を感じる人も多いのですが、悲嘆は誰にでも生じる自然な反応で、決して異常な体験ではないと知っておくと安心です。

なお、A子さんの事例で、事故現場を目撃したり自分自身も負傷した場合などは、心的外傷の程度がさらに高くなるため、悲嘆が複雑化・長期化したり（複雑性悲嘆）、PTSDやうつ病、不安障害、薬物・アルコール依存などの精神疾患を併発することも多く、より複雑な様相を呈します（心的外傷やPTSDについては、第2章5節を参照）。

日常生活を保つ

死別後、不眠や食欲不振などの身体症状や抑うつ症状を訴える人は珍しくありません。例えば、「眠れない」「眠りが浅い」「朝方になると目が覚める」といった睡眠障害は遺族が訴えることの多い症状の一つです。通常の悲嘆では時間が経つと次第に消失していくものですが、もし睡眠障害が続くようであれば深刻なうつ病の前兆かもしれず、薬の力を借りることも時には必要です。睡眠や食事などの問題で日常生活に支障をきたすようであれば、思い切って精神科医や心療内科医、臨床心理士などの専門家に相談してみましょう。

また、A子さんのように自責感をもっている人は、「自分が楽になっては亡くなった人に対して申し訳ない」という気持ちが強く、自分の好きなことをしたり、服装や髪形など身なりを整えたりといったことが、どうしてもおろそかになってしまいます。しかし、そういうことを今までどおりに行うことが、その後の回復には役立つのです。

【事例2】子どもを突然失った三十代夫婦

Bさん夫妻は、生後間もない赤ちゃんをSIDS（乳幼児突然死症候群）で亡くしました。元気そうに見えるわが子に何の前触れもなく生じた不幸な出来事に、直後は何が起こったのかまったく理解できず、かなり混乱していました。

結婚後七年目にしてようやく授かった子どもで、たいそう可愛がっていただけに、夫婦の心痛や喪失感は計り知れないものでした。母親は毎日のように泣き暮らし、家事など何も手につかない状態でした。その一方で、父親はまるで何事もなかったかのように翌日から仕事に出かけて行きました。母親は涙一つ見せずに淡々と振る舞う父親を「冷たい人だ」と感じ、口論が絶えなくなりました。次第に夫婦の溝は深まっていき、とうとう家庭内別居の状態に陥ってしまいました。

違いを認める

死別は遺された人の心身に影響を及ぼすだけではなく、家族全体にも深刻な影響を及ぼします。とりわけ子どもの死は、家族の均衡を破る最も解決困難な喪失として考えられています。子どもを亡くした親が体験する困難の一つは、夫婦が同時に子どもの死に直面するため、いつもなら支え合うはずの相手が同じように深い悲しみに暮れているということです〔24〕。また、亡くなった子どもとの関係性や性役割、親自身の対処の違いなどから、配偶者は自分とは違った悲嘆反応を示すかもしれず、喪失が同じであれば悲しみも同じであると考えていると、夫婦間に緊張が生じることになります〔30〕。

例えば、父親は感情をコントロールしたり〔15〕、忙しくすることで喪失の苦痛から目をそらそうとする〔5〕のに対し、母親は家族や周りの人にサポートを求めたり〔3〕、泣いたり自分の気持ちを言語化することで感情を表出しようとする〔15〕など、夫婦間における性差が報告されています。子どもを亡くした夫婦では、この経験の違いからBさん夫妻のように対立する場合もありますが、家族でコミュニケーションを図り、子どもの死という体験を共有していた夫婦は関係が良好であるという報告もあります〔28〕。このことから、家族でコミュニケーションを図り、互いの悲しみを理解し尊重し合うことは、夫婦関係を維持するうえでとても重要であるといえるでしょう。

感情表現の方法

ウォーデンは喪失に適応するために遺された人が取り組むべき四つの課題を提唱していますが、その一つに「悲嘆の痛みを消化していくこと」を挙げています〔37〕。この課題では、怒りや罪悪感、無力感などの様々な感情をじっくりと味わい尽くすことが必要であり、逆に苦痛を回避しようとして何も感じないようにすることは悲嘆のプロセスを停滞させるかもしれないと述べています。

また、シュトレーべらによって提唱された「二重過程モデル」では、喪失と向き合うこと（喪失志向）と仕事や気晴らしなど現実生活と向き合うこと（回復志向）の間を行きつ戻りつしながら進んでいくことが適応的であると仮定しています。そのうえで、喪失志向と回復志向のどちらか一方に極端に偏ることは、悲嘆の複雑化を引き起こすと考えられています[34]。

シュトレーべらの考えに従うと、Bさん夫妻の事例では、仕事に没頭する父親は回復志向、毎日泣き暮らす母親は喪失志向に偏っている可能性があります。一般的に男性は感情を抑え、冷静に対処することを期待されているため、感情を押し殺し苦痛を回避する傾向にありますが、ここに挙げた二つの理論を見てもわかるように、喪失と適度に向き合うことは悲嘆の回復には必要なのです。

しかし日本人、特に男性にとって自分の感情を表現するという作業は日常的ではなく、苦痛を一人でじっと耐えることを美徳とする文化的特性があります。つらい気持ちを誰かに話し、感情を表出できればいいのですが、それができない場合は「書く」という行為が有効かもしれません。例えば、故人に伝えたかったことを手紙という形で表現することは、やり残しの課題を遂行する一助となるかもしれません[37]。また、日記をつけたり詩を書いたりすることも、感情の表出を促しその人なりの意味を付与するのに役立ちます。

【事例3】夫を末期がんで失った六十代主婦

Ｃさんは二年前に長年連れ添った夫を膵臓がんで亡くしました。亡くなる一年前に主治医から病名を告げられて以来、Ｃさんは夫につきっきりで看病を続けてきました。あらかじめ心の準備ができていたとはいえ、夫の死は想像以上につらく、心にぽっかり穴が空いたような喪失感や空虚感に襲われました。街に出ると幸せそうに肩を寄せ合って歩く夫婦の姿が胸に突き刺さり、外に出かけるのも苦痛でした。また夜になると、一人暮らしの不安や寂しさがより一層身にしみました。

三回忌が終わっても納骨できず、遺品の整理も未だ手つかずの状態です。親戚から早く納骨するよう迫られたり、「もう立ち直った？」「いつまで泣いているの」といった心ない言葉に深く傷つき、「自分の気持ちは誰にも理解してもらえない」と孤立感を募らせています。夫の死から月日が経てば経つほど、周囲の人にとって夫の死は過去のことであり、親しい友人にさえも夫のことをいつまでも話すことができません。毎日、仏壇の前に座っては夫の遺影に向かって話しかけています。

時間がかかることを知る

「日にち薬」という言葉があるように、時間の経過とともに悲嘆は軽減すると一般的には考えられています。例えば、ある研究によると、死別後六か月までが悲嘆のピークであり、それ以降は時間の経過に伴い軽減するというデータもあります[16]。しかし、その一方で、Cさんのように死別から二年が経過しても悲嘆が持続する人は少なくありません。悲嘆のプロセスは、亡くなった人との関係性や亡くなり方、遺された人のパーソナリティなど様々な要因によって複雑に影響を受けますので、悲嘆の持続期間も個人差が大きいということを知っておくことが大切です[37]。

また、故人が亡くなった日や故人の誕生日、結婚記念日などが近づくと、故人の記憶が蘇り、気分の落ち込みなど悲嘆の揺り戻しがみられる現象を「記念日反応（命日反応）」と呼んでいます。さらに、クリスマスや正月のように、大切な人と一緒に過ごし世間が華やぐ季節では特に孤独感を感じやすく、遺された人にとってはとてもつらい季節となります。

このように、悲嘆は時間の経過とともに必ずしも直線的に軽減するのではなく、行きつ戻りつしながら進んでいくプロセスであること、そしてそれは長期間に及ぶということを知識として知っておくと助けになるでしょう。

自助グループの効用

死別からの時間が経過するにつれて周囲との接触は次第に減り、必要な支援は受けにくくなります。また、Cさんのように周囲の人の無理解な言動によって不信感や孤立感を深め、「同じ経験をした人でないとわからない」という思いを強くする人は多いものです。このようなとき、自助グループの果たす役割はとても大きいといえます。

自助グループとは、同じ問題や悩みを抱えた人が集まって相互に支え合うグループのことを指しますが、同じ体験をした人だからこそ安心して様々な感情を表出することが可能となります。また、現実生活に関する情報交換の場としても機能しており、「自分だけではない」という孤独感の払拭と同時に、自信や自己肯定感の回復にもつながるとされています[29]。

ただ、死別からまだ日が浅い場合は、他の人の話を聞くだけの余力がないこともありますので、ある程度期間をおいて参加することが役立つかもしれません[37]。また、何らかの精神疾患を抱えている場合は、自助グループよりも個別カウンセリングのほうが適しています。

2 悲しんでいる人を助けたいとき

あなたの周りに誰かを亡くして悲しんでいる人がいる場合、友人や知人あるいは家族としてどのように支えていけばよいでしょうか。また、どのようなことに気をつけるとよいでしょうか。一般的に聞かれることの多い質問をいくつか挙げてみましょう。

Q&A

Q1　死別について話を聞いたほうがよいのか、それとも聞かないでそっとしておいたほうがよいのかわかりません。

A　原則的には話を聞くほうがよいですが、聞いたほうがよいかどうかの判断はあくまでも聞く側の力にかかっているといえます。様々な感情が否定されることなくしっかり受け止められることが重要であり、それが回復への第一歩であることは間違いありません。しかし、興味本位で一方的に質問をしたり、自分の価値観や体験を押しつけたりするような態度は厳に慎まなければなりません。深刻な内容で聞いているのがつらくなるような話でも、途中で話題を変えたり話をさえぎったりしないようにしましょう。こういう話をしてはいけないのだと思い、次からは話をしなくなる可能性があるからです。また、話したがらないときは無理に話を聞きだそうとせず、そっと寄り添うことも大切です。話を聞く以外にも支援すべきことはたくさんありますので、今何が必要なのかといった本人のニーズを把握し、可能な範囲で提供できるとよいでしょう。

Q2　言ってはいけない言葉にはどのようなものがあるのでしょうか。

A　周囲がよかれと思ってかけた言葉であっても、相手を深く傷つけてしまう場合がよくあります。また、たとえ同じ言葉であっても、相手とあなたとの関係性やその場の状況、タイミングなどによってその言葉の受け止め方は異なります。しかし、感じ方に個人差はあっても、多くの遺族が「頑張って」や「元気を出して」などの言葉を不適切であると感じていることもまた事実です。これらの言葉は遺族にとっては無理な注文であり、「頑張っているのに、これ以上何を頑張れというのか」「自分の気持ちは誰にもわかってもらえない」という気持ちを強くしてしまいます。悲しんでいる人を前にしたとき、元気になってもらいたいという思いや居心地の悪さなどから、つい励ましたり強くなることを奨励するような言葉をかけがちです。しかし、それは何の役にも立たないばかりか悲しみの表出を妨げることにもつながりますので、極力避けるべきです。実際に遺族が言われて傷ついた言葉〔28〕をいくつか例に挙げますので、何を言えばいいかわからないときの一つの指針にするとよいでしょう。

・「早く忘れなさい」
・「いつまでも悲しんでいたら、亡くなった人が浮かばれないですよ（成仏しませんよ）」
・「男はメソメソするものじゃない」
・「思ったより元気そうね」
・「私だったらきっと生きていけないわ」
・「世の中にはもっと不幸な人がいるんだから、あなたはまだましなほうよ」
・「運が悪かったと思ってあきらめなさい」
・「時間がすべてを解決してくれます」
・（子どもを亡くした人に対して）「もう一人子どもがいてよかったね」
・「保険金が入るからよかったね」

Q3　自責の念をもっている人に対してどのように接すればよいのでしょうか。

A　「もっと早く病院に連れていけばよかった」「（親として）子どもを守ってやれなかった」といった罪悪感や自責の念は遺された人がもつ重要な感情の一つで、故人の死は自分に責任があると感じることによって生じます。また、複数の犠牲者が出る事故などに遭遇し自分だけが助かってしまった場合には、「自分だけが生き残ってしまい、亡くなった人に対して申し訳ない」といった負い目の感情、すなわち「生存者罪悪感（survivor's guilt）」が生じることがよくあります。特に、亡くなった人と愛憎入り交じった関係にあった場合は、故人に対して向けられていた怒りや攻撃性が反転して自分に向かうために激しい罪責感が生じやすく［36］、時には自殺などの自己破壊的な行動を引き起こすことがあるため注意が必要です。

このように程度の差はあれ、遺された人の多くは罪責感を経験しますが、支援を行う場合はその感情を否定することなくしっかり聴くこと、そしてこれらの感情は死別後に生じる正常な悲嘆反応であることを理解してもらうことが大切です。そのうえで、「自分を責める必要はない」ことを伝えるとよいでしょう。また、罪悪感のほとんどは不合理な認知であるため、実際はどうであったかの現実検討を行うことが罪悪感の軽減に役立ちます［37］。

Q4　子どもに死をどのように伝えるとよいでしょうか。

A　子どもが死をどの程度理解できるかについては、発達段階によって大きく異なっています。九歳以上になると大人と同様の成熟した死の概念を獲得するという研究報告がある一方で、九歳未満の子どもでも死の概念をほぼ理解しているという報告もあり、研究者によって意見が分かれています［1］。

「子どもを悲しませるのはかわいそうだから」「子どもは小さくてまだ理解できないから」という

理由で、子どもに真実を伝えなかったり葬儀に参列させなかったりすることはよくあることです。しかし、それは子どもの悲嘆のプロセスを遅らせるだけではなく、子どもに誤解を与え、結果的には大人に対する不信感を植えつけることにもなりかねません。子どもの発達段階に応じて、子どもがわかる言葉で事実を伝えることが重要です。その際、「お星さまになった」や「遠いところへ旅立った」などの曖昧で遠回しな表現を用いるのではなく、できるだけ直接的ではっきりした言葉で説明するようにしましょう。

また、子どもの身近で起きた死が自殺の場合には、事実（正確な情報）を伝えることに重点を置き、推測や憶測は入れないなど、伝え方は特に注意が必要です[9]。子どもに質問があったり不安が生じた場合は、誠実かつ率直に説明し、安心感を与えるよう心がけましょう。

Q5　どのようなときに専門家の力を借りればよいのでしょうか。

A　悲しんでいる人の助けになりたいと思っていても、自分では対応しきれないと感じるときがあるかもしれません。例えば、不眠や食欲不振などの身体的不調や抑うつ症状が続いている場合、自殺念慮や自傷行為がある場合、アルコール依存などの問題が生じている場合などです。このように悲嘆が非常に長引いて日常生活に支障をきたしている場合には、専門家による支援が特に有効です。精神科や心療内科の受診を勧めたり、臨床心理士等による心理カウンセリングを紹介するとよいでしょう。

悲しんでいる人に対する支援の内容は立場によって異なりますので、できることとできないことがあります。自分では対応できないと感じたときは決して一人で抱え込まず，適切な支援が受けられるよう医療機関や相談機関などにつなぐことが大切です。

おすすめ読書案内

坂口幸弘　2010　悲嘆学入門―死別の悲しみを学ぶ　昭和堂

J.W.ウォーデン（著）山本　力（監訳）　2011　悲嘆カウンセリング―臨床実践ハンドブック　誠信書房

第3章　引用・参考文献

[1] 赤澤正人　2006　児童の死の概念に関する研究　臨床死生学　**11**(1), 24-33.

[2] American Psychiatric Association　2013　*Desk Reference to the Diagnostic Criteria from DSM-5*. American Psychiatric Publishing.　高橋三郎・大野　裕（監訳）　2014　DSM-5　精神疾患の分類と診断の手引　医学書院

[3] Carroll, R., & Shaefer, S.　1993-1994　Similarities and differences in spouses coping with SIDS. *Omega*, **28**(4), 273-284.

[4] 不登校に関する調査研究協力者会議　2015　不登校児童生徒への支援に関する中間報告　http://www.mext.go.jp/component/b_menu/shingi/toushin/__icsFiles/afieldfile/2015/09/07/1361492_01.pdf（2016年6月）

[5] Helmrath, T., & Steinitz, E.　1978　Death of an infant: Parental grieving and the failure of social support. *Journal of Family Practice*, **6**, 785-790.

[6] 貝谷久宣・佐々木　司・清水栄司　2015　不安症の事典　こころの科学 Human Mind Special Issue　日本

評論社
［7］Keel, P. K.　2006　*Eating Disorders*. Chelsea House Publishers.
［8］Kierkegaard, S.　1844　*Begrebet Angest*.　斎藤信治（訳）　1979　不安の概念　岩波書店
［9］金　吉晴（編）　2006　心的トラウマの理解とケア第2版　じほう
［10］小林隆児・鯨岡　峻　2005　自閉症の関係発達臨床　日本評論社
［11］こども未来財団　2007　平成一八年度子育てに関する意識調査　児童関連サービス調査研究等事業報告書
［12］小西聖子（編著）　1998　犯罪被害者遺族―トラウマとサポート　東京書籍
［13］厚生労働省　2014　平成二十六年患者調査（傷病分類編）　http://www.mhlw.go.jp/toukei/saikin/hw/kanja/10syoubyo/dl/h26syobyo.pdf（２０１６年６月）
［14］鯨岡　峻　1999　関係発達論の構築―間主観的アプローチによる　ミネルヴァ書房
［15］Lang, A., & Gottlieb, L.　1993　Parental grief reactions and marital intimacy following infant death. *Death Studies*, **17**, 233-255.
［16］Maciejewski, P. K., Zhang, B., Block, S. D., & Prigerson, H. G.　2007　An empirical examination of the stage theory of grief. *Journal of the American Medical Association*, **297**(7), 716-723.
［17］水島広子　2007　拒食症・過食症を対人関係療法で治す　紀伊国屋書店
［18］水島広子　2009　焦らなくてもいい！「拒食症」「過食症」の正しい治し方と知識　日東書院
［19］水島広子　2009　対人関係療法でなおすうつ病　創元社
［20］水島広子　2010　摂食障害の不安に向き合う―対人関係療法によるアプローチ　岩崎学術出版社
［21］水島広子　2012　身近な人の「攻撃」がスーッとなくなる本　大和出版
［22］水島広子　2014　大人のための「困った感情」のトリセツ（取扱説明書）　大和出版
［23］Mizushima, H., Ono, Y., & Asai, M.　1998　TCI Temperamental Scores in Bulimia Nervosa Patients and Normal Women with and without Diet Experience. *Archives of General Psychiatry*, **50**(12), 975-990.
［24］Nelson, B. J., & Frantz, T. T.　1996　Family interactions of suicide survivors and survivors of non-suicidal death. *Omega*, **33**(2), 131-146.
［25］小此木啓吾　1979　対象喪失―悲しむということ　中公新書
［26］小此木啓吾（編）　2002　精神分析事典　岩崎学術出版社
［27］小此木啓吾・馬場謙一（編）　1977　フロイト精神分析入門　有斐閣

[28] 大和田攝子　2003　犯罪被害者遺族の心理と支援に関する研究　風間書房
[29] 大和田攝子・大和田康二・加山寿也・城下安代　2013　遺族サポートグループにおける参加者の心理プロセスとその促進要因に関する質的研究　*Palliative Care Research*, **8**(2), 254-263.
[30] Rando, T. A.　1985　Bereaved parents: Particular difficulties, unique factors, and treatment issues. *Social Work*, **30**(1), 19-23.
[31] 榊原久直　2011　自閉症児と特定の他者とのあいだにおける関係障碍の発達的変容―相互主体的な関係の発達とその様相　発達心理学研究　**22**(1), 75-86.
[32] 榊原久直　2013　自閉症児と特定の他者とのあいだにおける関係障碍の発達的変容（2）―主体的能力・障碍特性の変容と特定の他者との関連　発達心理学研究　**24**(3), 273-283.
[33] 篠原郁子　2013　心を紡ぐ心―親による乳児の心の想像と心を理解する子どもの発達　ナカニシヤ出版
[34] Stroebe, M, S., & Schut, H.　1999　The dual process model of coping with bereavement: Rationale and description. *Death Studies*, **23**, 197-224.
[35] 田嶌誠一（編）　2010　不登校―ネットワークを生かした多面的援助の実際　金剛出版
[36] 山本　力　2014　喪失と悲嘆の心理臨床学―様態モデルとモーニングワーク　誠信書房
[37] Worden, J. W.　2008　*Grief counseling and grief therapy: A Handbook for the Mental Health Practitioner*. (4th ed.). Springer.　山本　力（監訳）　2011　悲嘆カウンセリング―臨床実践ハンドブック　誠信書房

第4章　心の科学が教えてくれる元気になる方法

心理学は、人の心を科学する学問です。目に見えない心をどのように研究するのか、という難しさが心理学の面白さでもあります。幅広い心理学の中から心の元気に関係しそうなトピックのいくつかを紹介いたします。ここでは元気になる方法を学ぶとともに、科学としての心理学の世界に触れてみませんか。少しでもその面白さ、奥深さが伝わったならば、さらなる学びにつなげていきましょう。

1節　笑って健康に

深刻な悩みを抱えた人に笑えばいいんですと言っても空しく響くだけです。一人で解決できそうにない場合は気軽にカウンセリングの扉をたたいてください。ここでは日常の状況で、不安・うつ・恐怖という心理的不安定や身体的な不都合に、笑いがどのように入り込めるかを考えてみます。おかしくもないのに笑うなんてできませんという人も、一度つくり笑いをしてみてください。もしかして何か気持ちの変化があるかもしれません。

1　ユーモアは個人的・社会的

一九七〇年代半ば過ぎからユーモアと健康の関係の研究が盛んになり、ユーモアが健康に大いに役立つことが知られるようになりました[21]。「ユーモア」の定義についていろいろと議論がある中で、ここでは「面白おかしいこと」くらいにして、「笑い」とともに常識的な意味で扱うことにします。

おそらくどの時代どの文化でも悲劇と喜劇があり、苦難の時代でも面白おかしいエピソードやジョークは語られていたはずです。日本神話の有名な話では、親族の乱暴に怒って天岩戸に隠れてしまった天照大神（あまてらすおおみかみ）を何とか再び引き戻そうとして、神々が外で下品な踊りを踊って大騒ぎして気を引く作戦に出ました。皆があまりにも笑い転げている様に興味をもった天照大神が少し岩戸を開けたところ、怪力の持ち主が扉を引っ張って全開し、世の中に再び光が満ち溢れました。このお話から笑いには面白いことに興味があるという個人的レベルと、みんなが笑っているところに加わってみたいという社会的レベルの両面があることがわかります。

個人的な笑いの効用としては、笑うことでストレスが和らぎ、がんやウイルスに感染した細胞を攻撃して病気の抵抗力となるナチュラルキラー（ＮＫ）細胞が増え、痛みを緩和し、動脈硬化の予防にもなるなど心身の健康面でプラスになることが知られています。また、社会的には、ともに笑うことによって仲間をつくり、人間関係の緊張をほぐし、親和的なコミュニケーションができるなど、笑いが社会的関係をつくると指摘されます[11]。もちろん笑いは個人と社会の両面に同時に関わっていて、例えばホスピスでの笑いは個人の精神的・身体的充実を助けると同時に、孤独に一生を終えるのではなく他者との一体化・共感を経て人生を受け入れる意味があります[16]。

2　ユーモアで病気やストレスを撃退する

ユーモアによってストレスが緩和されるかどうかを実験したある研究では、参加者たちは死亡事故のフィルムを見る前後にユーモラスなビデオを見たほうが、普通のビデオを見るよりも抑うつや怒り感情（の自己評定）が抑えられ、ポジティブな気分になりました。また、参加者たちが十二分後に電気ショックが来ると思い込まされて不安と心拍が高まっているところに、ユーモラスなテープを聞くと、そうでないテープを聞いた条件に比べて心拍が高いことには変わりがなかったものの、それほど不安になりませんでした[21]。スポーツの試合やステージの本番前にユーモラスなビデオや音源に接すると、不安が減ってリラックスできそうです。

ユーモアによる緊張緩和には限界もあって、二百三十六名の乳がん患者の精神的苦痛とユーモアの間に特に関係がなかったという報告があり、別の実験の結果からはユーモアのスタイルやタイプにもよるとされています[21]。

お笑いビデオを見てその前後に受けたテストを比較してその効果を分析するという同様の実験手法で、今度は生理的な変化を調べた研究があります。大学三・四年生の女子学生十名にお笑いビデオを見てもらい、その前後に質問紙調査と採血を実施したところ、ビデオ視聴後に被験者の気分は五名が良好に変化しました。また、NK細胞の働きの強さを表す、生体の免疫力の指標であるNK活性は、被験者の五名が上昇を示し、その他の免疫機能も高まりました。以上の結果から、お笑いビデオ視聴によって笑ったことが、免疫機能等に良好に影響していることが示されました。ちなみに上映したビデオは「ガキの使いやあらへんで」「ごっつええ感じ」「爆笑オンエアバトル2000」等であり、視聴時間は九十分から百二十分でした[30]。お笑い番組を見たあとは気分爽快、元気モリモリというわけですが、それも人によるでしょう。

余談ですがNK活性は緑黄食野菜を食べることや適度な運動で高くなり、喫煙や肥満が原因で低くなるそうです。NK活性が弱い人は、NK活性の強い人に比べてがんになる率が二倍近いことが、多年にわたる追跡調査で判明しています[12]。

笑いが疲労を予防したり軽減したりしそうです。慢性疲労には運動もいいので、楽しい気分と運動をプラスすればよく、イヤホンで落語を聴きながらジョギングするとよいでしょう。笑いと関わる大脳の前頭眼窩部が疲労とも関係し、疲労でその部分の活動が低下しても笑いで再び高まり、疲労が軽減されるという仮説が提唱されています[12]。

3　ユーモアセンス

お笑い番組を見聞きするだけでは効果が限定的だとする研究もあります。漫才を聴かせたら友人間のトラブルについて「何とかなるさ」という気持ちが高まるかどうかを大学生十名について調べたら、漫才を聴いて確かに快適な気分になり生理的な指標もアップしたものの、友達から理不尽な不満や非難を受けるストーリーに対して、何とでもなるさという考えに変化することはなかったのです。お笑い番組で笑うだけでは考えまで変わらないので、プラスアルファが欲しいところです。それはユーモアセンスであったり、ユーモアをつくったりという積極的な関わりでしょう。

笑うとNK細胞が増えるか、脳のどの部位で変化が起きるか、など各種の実験を重ねた研究では、コミックビデオを見た人のNK活性は高くなり、さらに調べたところ、コミックビデオを面白いと思った人は、見る前も見たあともNK活性が高かったのです[12]。このビデオを面白いと感じられる人は普段からNK活性が高い傾向がありました。つまりNKが高いというのは、たくさん笑ったかどうかではなく、面白いものを面白いと感じられるユーモアを介する能力や楽しい気分をもてることと関係するので、単に笑えばいいというものではありませんでした。

一時的な笑いの量ではなく、日ごろの楽しい気分が大切で、野球の応援で夢中になったり、好きなサウナに入ったりするとやはりNK活性が高くなります。結局自律神経系の適度な変化がよいといわれます[12]。私たちも週末にリラックスすることでがんやウイルスに強い体になれたらいいですね。楽しい気分によって心身ともに健やかになるという見方は、子育てにおいて子どもに楽しいことをたくさん経験させてあげることが大事だという主張と符合しています。愛情を遮断され虐待を受けた子どもでは残念ながらそれが実現できていません。

学校現場とユーモアの関係はどうでしょう。生徒が学校は楽しいと思うことは学校教育を円滑に進めるうえで大切ですね。そこで生徒の学校満足度と教師のユーモアの関係を中学生について調べた研究を見たら、先生が教室で面白いことを言っていると気づくと、生徒が先生のことを快く思い、その結果学校が楽しいと感じられることがわかりました[17]。つまり学校満足度を上げるには、まず先生がユーモアを言うこと、それだけでなく生徒がそれに気づくだけのユーモアセンスがあることが必要です。他者を楽しませ、励ますような友好的ユーモアによく気づく生徒は、他者から好まれたり手助けしてくれたりすることが多く、そのために精神的健康が保たれます。人からのユーモアを受け入れる、わかりやすいユーモアやダジャレを聴いて楽しむなどの友好的なユーモア感知力が高いと、学校が楽しいと感じられます。

先生のギャグは寒いことがあるかもしれません。確かに平均二十九歳の若者は平均七十九歳の年長者に比べてジョークのオチを正しく選択できるという研究が示すように、オヤジギャグと言われても仕方がない面はありますが、先生のオヤジギャグにシラけているよりも、笑ってあげるほうがお互いの心の健康につながるのです[21]。ただし、他者を批判したり非難したりするようなブラック・ユーモアは、それを感じとる力が高い生徒であっても、他者からの支援には結びつきません。

これらをつなげると、友好的ユーモア感知力が高いと、先生が面白いことを言っていると思い、親密感がもてて、その結果学校が楽しくなります。

面白い話をする教師は児童・生徒には自分たちを楽しませてくれる好ましい人物に感じられ、話が面白いと永く記憶にとどめられます。面白い話は聴衆をひきつけ、説得力があります。また、学習や記憶そのものの効果はさておき、場を和ませて、児童・生徒を意欲的に学習に向かわせることができるでしょうから、教師は教室により多くユーモアを取り入れたらよいでしょう。注意すべきは児童・生徒を皮肉り非難するようなブラック・ジョークで、かえって逆効果で禁物です。

さて、改めてユーモアセンスとは一体何でしょうか。いろんな議論がある中で、それはジョークなどを理解し表現すること、よく笑い陽気な気質である、ユーモアをつくって人を笑わせる、深刻に考え過ぎずユーモアでストレスを発散できる等の特徴があり、それらを測定する自己評定尺度も考案されています。ユーモアセンスのある人は創造的で自己への気づきがあり、さらには知能や曖昧耐性が高く、好奇心が旺盛だとされ、一見よいことばかりです。また、外向性と関係し、ユーモアセンス尺度が高い人は、快活で外向的で社会的、元気がよくて行動的、独断的で刺激を求め、のんびりして支配的で心地よい気分であることが示されています[21]。

そうしたユーモアセンスは赤ちゃんの頃から快活であるなどの気質的・遺伝的要因と、家庭環境などの環境要因とからなります。笑い材料にどう反応するかは一卵性・二卵性双生児間で差がないので〔21〕、何をどう笑うかは環境因によるという報告があります。家庭環境の影響としては、よく笑う親はユーモラスなモデルを提供する一方、愛情不全の家庭での葛藤や不安に対処するために子どもはユーモアセンスを発達させる側面もあり、家庭の影響は多義的です〔21〕。

4 ユーモアをつくる

生活環境でストレスがあることは当たり前でそれ自体は悪いことではなく、ストレスを解消できないことが悪いのです。ユーモアをつくることとストレス解消の関係を見ていきましょう。

人生で一番よく笑うのは若者で、他方、笑いをつくり出す年齢は社会的接触が多くてストレス解消の必要がある三十～五十代といわれます〔25〕。中高年者は創造的な仕事をする世代です。また、女性よりも男性のほうがユーモアをつくることが多いのは、男女のコミュニケーションの目的の違いであり、男性はより多く自己主張や説得の機会があるからでしょう。

ユーモアをつくることはユーモアを味わうことと同様に、場を和ませて相手と打ち解け、仲間意識を高めます。リラックスして創造的な提案も生まれるし、柔軟な問題解決に向かう準備も整います。

すでに見たようにユーモアセンスのある人はあまり抑うつ的ではない傾向があります。椎野はその因果関係を求めて、男女大学生百五十二名に親和・自虐・攻撃の三種類のユーモアスタイルと抑うつ傾向、そしてネガティブ事象の受容性・持続性について質問紙調査を行い、各々を比較しました[27]。親和的ユーモアとは、「友人とよく笑い冗談を言う」「人を笑わせることが楽しい」などで、自分をネタに笑わせたり自分を卑下する自虐的ユーモアや、人をけなしたりからかったりする攻撃的ユーモアと違って、ストレスに有効に対処できることが明らかになっています。また、ネガティブ事象の受容性・持続性とは、「失敗は成功のもとだ」「どんな人生でもいいことは必ずある」「人の欠点があまり気にならない」「失敗はつきもの」「失敗をあまり気にしない」などの考えができることです。結果は、ユーモアスタイルと抑うつ傾向が直接関係するというよりも、ネガティブ事象の受容・持続が介在し、親和的なユーモアスタイルの人はネガティブな事柄に動転せずに落ち着いて対処でき、その結果として抑うつ傾向が少なかったことが示されました。自虐的ユーモアスタイルは何も関係せず、攻撃的ユーモアが得意な人はかえって抑うつ傾向が強かったのです。自分や相手を元気づけるような親和的ユーモアは、否定的経験をマイルドにする効果をもち、うつになりにくいので、心がけるとよいでしょう。

ユーモアを思いついたり人を笑わせたりする態度が自分自身のストレスをどのように軽減するのでしょう。高橋は、男女大学生三百三十二名にユーモアセンス評定をしてもらうとともに、最もストレスに感じたことを挙げてもらい、それがどの程度大事で乗り越えるべきか（肯定評価）、また、振り返って自分で対処可能か、何度も振り返って考え直すことがどれだけ効果があるか（再評価）の自己評定を求めました[29]。そうするとこれらの相互関係が見えてきたのです。つまり、ユーモアセンスの高い人は、強烈なストレス場面で、乗り越える価値がある、頑張ってみよう、自分ならやれるぞ、と肯定的に評価できるように何度も考え直せるので、精神的に健康を保てることがわかりました。ユーモアセンスは事態をいろんな面から考え直せる力につながり、近年注目されている認知の変容および認知療法にも関係し、臨床的アプローチを提案できるだろうと希望が述べられています。

ユーモア・トレーニングによって、普段思いつかないことに「気づく」練習になるでしょうし、このことが治療や教育に役立つ日が来るかもしれません。

ではここでユーモア・トレーニングとしてなぞかけをしてみましょう。NHKのAM放送とかけて風邪薬と解く、その心は??　後ほど「解答」を示しますので考えてください。

なぞかけとは、A、B領域間の構成要素が内容や音、イメージ、漢字の形などにおいて類似しているものです[34]。昔から日本では和歌の掛詞になぞかけと同様の工夫がみられます。笑いとは別物だったのでしょうが、現在ではダジャレとしても楽しまれています。もしも職場や学校でダジャレの天才がいて、どんなに深刻な話をしていてもふとダジャレが出てくるとしたら、きっと彼の頭の中の回路は突然に意外な結びつきができ上がるのでしょう。「満員電車とかけて牛と解く、その心は」というお題であれば、Aの言葉とBの言葉の意味や音韻、イメージなどの思いがけない重なり合いを感知して、「ギュウギュウ」と解答できるのです。

NHKのAM放送を普段あまり聴かないですね。風邪薬もあまり効かない。そうすると先ほどの答えは「あまりきかない」、または人によって「よくきく」という答もアリです。

なぞかけが上手な人は与えられた言葉から連想を働かせ、類推する力が優れていると思われます。類推とは、A：B＝C：Dのように、AとBの関係性を把握して、Cに対して未知のDを発見する作業です。例えば「海と魚、では空と?」の答は「鳥」ですね。なぞかけと違う点は別に面白くもないことですが、なぞかけと類推に関係があるのではないかと仮説を立てて、なぞかけテストと類推テストをつくって大学生七十名に実施しました。すると相関があり、なぞかけをつくるようなユーモア産出力は類推という認知能力に裏づけされていることがわかりました[6]。こうした能力が認知の変容につながるかどうかは興味深く、今後の研究課題です。

ユーモア・トレーニングをもう少し——①違いはどこ？「時計と針」、②似ているところは？「よくできた音楽と九月の異常気象」「魚屋さんとフランス人」（答：①時計はチクタク、針はチクチク／②なかなかアキがこない／ゴマサバ→「コマサバ？」はフランス語で「ご機嫌いかが」という意味です）

ただしここでユーモアのある人が必ずしもハッピーではないことを指摘しなければいけません。ユーモアをつくることと味わうこととはあまり関係がないという結果があり、面白いことを生み出す人は必ずしも楽しく愉快に反応する人とは限らないようです。外国の話ですが、教室の中で冗談を言ったりおどけたりする生徒（クラスクラウン＝教室の道化師）を調べると、彼らはリーダー格ですが他者に構ってもらいたがり、宿題もそこそこで規則に従わず、自信があって強気で自分勝手で自分を知らない傾向がありました。また、コメディアンについて複数の心理検査の結果から、彼らは知能・怒り・不信・抑うつ傾向が高く、また、別の調査では臆病で傷つきやすく共感性がありました[21]。ユーモアをつくる人はストレスがなくてハッピーという単純な話ではなく、醒めた家庭環境や愛情不足によるストレスがたくさんあるからこそ、ユーモアをつくらないと居たたまれないのかもしれません。もちろんコメディアンの家庭が不幸だと言いたいのではなく、私たちみんなストレスがあるからこそ、面白いことを言ってストレスを紛らわせる必要がありそうです。

ユーモアをつくれば長生きできるとは限りませんが、より広い意味で楽観主義こそよりよく生きやすいとの指摘があります〔21〕。

5 みんなでユーモア

高校時代に宿泊先で友達とコタツを囲んで笑い転げ、あまりにおかしくて悶絶していました。私たちは飲食の集まりでたいしておかしくもないのに笑います。笑いの抑制がかなり取れていたり、みんながパッと笑うと脳が一瞬リセットされたりします。対人関係の中で笑うことは単に面白いから笑うのとは違います。通勤のつれづれに落語CDを聴いていると、観客が笑っているのにこちらは少しもおかしいとは思えない、笑えないことがあります。でもその場にいたらきっとみんなと一緒に笑っていたでしょう。対人関係の中での笑いは、人とのつながりを強め、自分がその集団に属していることを確認することになります。

すでに見たようにホスピスでの笑いは、孤独に終末を迎えるのではなく、人生の終わりが悲劇ではないこと（を周りの人と共有すること）を助けます。患者と治療者という役割を超えて、ともに笑うことによって普通の二人になることができます――ちょうど二〇一一年フランス映画「最強のふたり」のように。同様に、小児がんなどで長期入院を余儀なくされている病気の子どもたちを訪問し元気づけるホスピタルクラウン（クリニクラウン）の活動では、治療に役立つかどうかよりも、遊びたい・笑いたいという子どもの欲求を満たしてあげることが最も大切と考えられ、子どもだけでなく回りの大人たちも笑いを共有して元気になるようです。

商店街の施設に高齢者が集まって面白おかしく笑ったり歌ったりする活動が何年もの間継続しています。その集まりではセラピストがジョークを頻発し、皆でものまねやパロディ、音楽劇を創作したり、音楽に合わせてゲームを行ったりします。次第に参加者が増え、皆が楽しそうに歌ったり笑ったりしたあとで相互の歓談がはずみます。ねらいは個人の笑いの量ではなく、どうかすると閉じこもりがちな高齢者のコミュニケーションを促進し、社会性を養うことで、笑いと音楽を導入して相互的なやりとりを高める工夫として注目されます[21][11]。

おかしくなくてもつくり笑いでよさそうです。つくり笑いをすると大頬骨筋が収縮しているという情報が脳に伝わり、楽しい感情と日頃結びついているから条件づけみたいに楽しい感情が湧いてきます。つくり笑いでも脳内にドーパミンが産出されます[23]。ドーパミンは快感情のみならずやる気物質といわれ、モーツァルトが自分の脳に効く曲をつくることで求めた脳内物質という説もあります[28]。彼のような天才ではない私たちはとりあえずつくり笑いでもして、楽しい気分とやる気を生み出しましょう。

おすすめ読書案内

R. A. マーティン（著）　野村亮太・雨宮俊彦・丸野俊一（監訳）　2011　ユーモア心理学ハンドブック　北大路書房

2節 「欲求」との付き合い方

自分自身の気持ちでありながら思うようにならないことはよくあります。その一つが、「…したい」という気持ちです。「もっとたくさん食べたいけれど健康のために我慢しなければならない」「しないといけないことがあるのにする気になれない」といったことは、多くの人が経験する日常的な悩みでしょう。「…したい」という気持ちは心理学では「動機づけ」「要求」など様々な言葉で呼ばれるのですが、ここでは日常的な用語としても使われる「欲求」と呼ぶことにします。

欲求は善悪二面のとらえられ方をします。欲求を実現することが人間の生きる原動力になり、さらには欲求を実現したいという思いが様々なものを発明して人類を進歩させてきました。一方で、欲求は目標に向かって努力する人間を阻む障害とみなされます。今の子どもは我慢を知らない、欲求のコントロールができない、といった言い方がされることもあります。いずれにしても、倫理や道徳あるいは、意志の強さの問題であるかのように語られることが多いのですが、心の働きであるからには心理学から考えてみるべきでしょう。

1　なぜ欲求のままに生きてはだめなのか

そもそも、なぜしたいことだけをしていてはだめなのでしょうか。欲求のままに生きていると動物と同じなどといわれます。しかし、動物は破滅的に生きているわけではありません。食欲を例に考えてみます。動物は自ら動くことによって生きているので動物と呼ばれるわけですが、動くとエネルギーを消費します。そのため、動き出すのは必要性のあるときです。動物は、生きていくために必要なことを知識として知っているのでしょうか？　例えば、果実は体内で分解されて身体を動かすエネルギーになるので探して食べるべきだ、などと。もちろんそうではありません。「食べたい」と感じたときに動き出すのでしょう。「…したい」という気持ち、すなわち欲求は生きるために必要なこととして進化したと考えられます。では、人間はなぜ、食べたいときに食べたい物を食べていてはだめなのでしょうか。

人間は本来、身体に必要なものを美味しいと感じるのに、そういう「本能」というべき能力が現代の生活でマヒしている、という考えがあります。もしそうなら、自身の「正しい欲求」を感じることができるような教育や訓練を行うことが大事です。実際は、身体に必要な食べ物を選び取る人間の能力には限界があります。人間の進化してきた環境が、おいしい食べ物が満ち溢れ、苦労せずに手に入る楽園のような環境であったとしたなら、何をどの程度食べるべきか身体でわかる能力が進化したかもしれません。しかし、自然の生活は楽園ではありませんでした。食べるものが豊富な時期は長くは続きませんから、たくさん食べて脂肪として蓄える能力が進化しました。また、手に入りにくい栄養分に対して強い欲求をもつことが必要です。例えば、良質なたんぱく質や脂肪を含む動物の肉を得るためには、隠れている動物を苦労して探し出し、懸命に追いかけて捕まえなければなりません。食べたいという強い欲求が必要です。また、糖分はすばやく吸収されてエネルギー源となりますが、野生の果実は現代の品種改良された果実のように大きく豊かに実るわけではありません。自然にあるもので掛け値なしに甘いものは蜂蜜ですが、ご存知のように手に入れるのは簡単ではありません。一方食物繊維は、自然にあるものを食べていれば意識せずとも自然に摂取できてしまうものですから、ことさら欲求をもつ必要がありませんでした。

ところが私たちの文明、特に現代の消費社会は、簡単には手に入らなかった動物性たんぱく質、脂肪、糖分を、多量に生産して供給することを可能にしました。ある意味それは楽園です。しかし、好きなものを好きなだけ食べると健康を害してしまいます。自身の好みだけに頼らずに、栄養に関する知識を学んで食べ物の種類と量を考えることが必要になったのです。もちろん食物が不足する危険が大きかった昔よりも、今のほうがよいのは明らかですが、楽園には楽園の苦労があるわけです。動物であっても、動物園で苦労もなく餌がもらえるなら肥満してしまいます。なので、飼育員が餌の量と栄養バランスを考えています。それどころか、進んだ動物園ではわざわざ餌を隠したり、取り出しにくい箱に入れるなどして、食べるために苦労をさせるようにしています。私たち人間は飼育員の役割も自分自身でしなければなりません。昔の人は我慢を知っていたが、今の人は我慢を知らない、と言われることがありますが、ものが少なくて我慢するしかなかった時代と今では、我慢することの意味が大きく違うというべきでしょう。

ここまで食欲を例に話をしてきましたが、他の欲求にも当てはまります。私たちは今、情報社会に住んでいます。生活に必要な情報を簡単に手に入れることができて、とても便利です。しかし、マスコミやネットには、役に立ちそうもない情報や残虐な映像なども溢れています。なぜでしょうか？

文明化する以前の生活では情報は貴重なものでした。例えば、どの動物が危険で、どこでどんなふうに襲われるかという情報は、とても重要です。私は以前ニホンザルの観察をしていましたが、ニホンザルはヘビや犬をとても恐れます（明治時代まで日本にはオオカミがいました）。出くわすとすぐに逃げ出すのですが、木の上など安全な場所まで離れると、今度は興味津々に一生懸命見始めます。人間の怖いもの見たさを思わせる光景でした。実際に犬を見て逃げ出したサル以外は、周りが走りだしたのを見てとにかく逃げたので、一体何が起きたのか確認する必要があります。特に子ザルにとっては、大人が何を恐れているのか確認して、その外見や動き、どんな場所にいたのかを覚えてくことは重要です。すなわち、「怖いもの見たさ」という性質は、生きていくために必要でした。人間が怖いものをはじめとした刺激的な情報に惹かれるのは、日々の生活で目新しいことはめったに起きず、情報が貴重だった時代に進化した性質といえます。多くの情報が簡単に手に入るようになって、むしろ無駄な情報に振り回されることが問題となっているという状況は、溢れる食べ物で不健康になってしまうという問題と共通しています。

なぜ欲求のままに生きてはだめなのでしょうか。人間の感覚や欲求が、もともと人間が住んでいた自然環境でうまく働くよう進化の中で形づくられたものなのに、現在の生活環境、特に日本を含む先進諸国が豊かで、過剰に欲求を刺激するからです。食については、自分の感覚や欲求だけに頼らずに、食物に関する知識を得てコントロールすることが必要だと認識されています。だからこそ、テレビ、雑誌、インターネットでも食品の栄養や安全性の情報が溢れています。しかし、他の欲求は食欲ほどには意識されませんし、知識が必要とも思われていません。自身の欲求と、欲求を刺激する現代社会について知り、コントロールしながらうまく付き合っていくことが必要です。

2　欲求について知る

欲求とうまく付き合うことが難しいのは、現代の消費社会が過剰に欲求を刺激するから、というだけではありません。「…したい」という気持ちになる理由が単純ではないこともその原因です。ここでも、まず食欲について考えてみましょう。心理学の教科書では、欲求を生理的欲求と社会的欲求（生理的動機づけと社会的動機づけ）に分けて説明していることがよくあります。空腹、渇き、排せつ、睡眠の欲求は、生まれもった生理的な仕組みで生起する欲求とされています。一方、社会的欲求は社会的な経験の中で学習する欲求で、達成欲求、親和欲求などが例として挙げられています。例えば、他の人と友好的な関係を成立させて維持したいという親和欲求は、親など他者のおかげで飢え・渇きなどの生理的欲求が満たされるといった経験を積み重ねて獲得されると考えられています。この二分法はしかしながら、誤解を生むもととなっています[19]。この区分は理論的なもので、実際はきちんと二分されないのですが、生理的欲求という言葉が広がっているために、栄養が足りないから「食べたい」と感じているのだと思い込んでしまいます。

アメリカの心理学の教科書ではこのような二分法を紹介することは少なく、空腹感でさえ、生理的要因だけでなく心理・社会的要因の影響を受けると説明しています[20]。例えば、一日三食ほぼ決まった時間に食べるという生活をしていれば、身体的な栄養の不足がなくてもその時間に合わせて血糖値が下がって空腹感が起きるようになります。また、時計を見て昼前であることを確認したり、食べ物の匂いをかいだり、美味しそうに食べている様子を見たり、食べ物について話をしたりすることにより、それまで感じていなかった空腹感を感じるようになることはよくあることです。何をどこで食べるかということになると、生理的必要性という側面はますます希薄になります。友人や恋人と一緒に食事をすることでより親密になりたいという気持ち、あまり食べたことのないものを見てみたい、味わってみたいという好奇心、普段食べたことのないご馳走をお金かけて、あるいは行列に並ぶ労力をかけて食べる達成感、それをまた人に話す、あるいはブログなどに載せて羨ましがられることによる優越感など、様々な欲求が関係しています。あなたがもし食べ過ぎてしまうことが多いなら、あなたの食事に空腹を満たす以外のどんな欲求が関わっているか、ぜひ考えてみるべきです。

他の欲求、例えば「買い物」についても同じことがいえます。買い物は、食欲を満たすために食べ物を買う、美しく見せたいので化粧品や服を買う、というように欲求を満たすための手段であり、欲求そのものではないという考え方があります。しかし、具体的に買う物が決まっていないのに買い物をしたいとか、あちこち見て回ること自体が楽しみというときもあります。生活に必要な物を買う以外に買い物をするのはなぜかという質問を学生にすると、物欲があるから、ストレス発散のためといった答えが返ってきます。物欲とは何でしょう？　とにかく物を手に入れたいのであれば、できるだけお金のかからないものにすればよいのですが、そうはいきません。ストレス発散になるというのもよくいわれることですが、なぜでしょう。買い物をすればお金が減るのでむしろストレスになりそうです。物欲もストレス発散も実はほとんど何も説明していません。

買い物の楽しみで無視できないのはその過程です。学生からも、「何を買うか考えているときがわくわくする」「迷っているときが楽しい」「探しているときには流行やトレンドを知る楽しみがある」という声を聞きます。好奇心や発見の楽しみは買い物の大きな要素でしょう。アンダーヒルは、なぜショッピングモールが人を引きつけるのか解説する中で「発見は買い物の一部をなしている。それどころか、買い物の持つ魅力の中でも非常に重要なものと言える。かって人間が、狩猟や採集に発揮していた原始の本能を刺激するものだ――人間は発見のプロセス自体を好む」[33]と述べています。そして、そのような過程を経るからこそ、手に入れたときの達成感があるのでしょう。一部の人がバーゲンにかける情熱もまた、価格が安いということだけでは説明できません。バーゲンまで待つことで使える機会が減ってしまうことや、探すことにかける時間と労力を考えると、合理的な行動とは必ずしもいえません。しかし、何を買うか考えること自体の楽しみ、バーゲンという行事の祭りにも似た高揚感、そのような過程があるからこその商品を手に入れたときの達成感、これらが実際に手に入れたいものなら話は別です。バーゲンで買うほうがよいかどうかは人によりますが、買い物というプロセスへの没入により現実から離れていられることや、買いたいものを買った達成感、目標を達成したことによる自信の回復、価値の高い商品を所有するあるいは身につけることによる自己価値の上昇といった理由のどれかまたはすべてが、ストレス発散の正体のように思えます。

もちろんこの他にも、他者と一緒にいたい、親しくなりたいという親和欲求は買い物に行く動機の中でも大きなものです。買い物に一緒に行くだけでなく、一緒に買ったものを持っていることによる連帯感、買ってきた商品について話が盛り上がるという点でも買い物は親和欲求を満たすでしょう。買い物をする理由は人によって様々です。自分がどのような理由で買い物するのか、本当は何を求めて買い物するのかを考えることが、「買い物をしたい」という欲求とうまく付き合う第一歩です。

3 達成感と有能感

「…したい」という気持ちのコントロールを活発に研究しているのは心理学の中でも教育心理学や産業心理学です。これらの分野で盛んに研究され、その重要性が指摘されているのは達成感や有能感を求める欲求です。勉強にしても仕事にしても、まずはやる気になってもらうことが大事です。やる気になってもらう方法として、物やお金といった具体的な報酬を与えることが考えられます。試験でよい成績を取ればお小遣いやプレゼントがもらえるということが勉強への動機づけになります。しかし、周囲の人からお金や物で釣られなくても、子どもは自発的に様々なことをします。そこで心理学者は「その活動自体から生じる固有の満足を求めるような動機づけ」を想定して内発的動機づけと呼びました[14]。内発的動機づけとは具体的に何かというと単純ではないのですが、赤ちゃんの行動で考えてみましょう。赤ちゃんは動けるようになると周囲にあるものに興味をもち、単に見聞きしているだけでなく、口に入れたり触ってみたりと能動的に関わります。一般的には好奇心と呼ばれるもので、情報への欲求といえます。赤ちゃんの運動能力、知的能力が高まるとともに、調べるだけでなく、目標をもって行動するようになります。積み木遊びを一人でしている場合のように、そこでの目標は親など周囲の人からの報酬をもたらすものとは限りません。箱からティッシュペーパーを次々引き出すといったように、むしろ親に怒られることも珍しくありません。心理学では、赤ちゃんにみられるこういった自発性について様々な解釈や呼び名があるのですが、マスタリー・モチベーション（課題の達成やスキルの獲得を求める動機づけ）などと呼ばれます[32]。赤ちゃんにとっては、好奇心やマスタリー・モチベーションは渾然一体となったものでしょうが、成長とともに、課題の達成やスキルの獲得はより明確な目標となっていきます。課題の達成やスキルの獲得はさらに、自分にできるという感覚（有能感）をもたらします。

達成欲求（達成動機）は心理学辞典（有斐閣、誠信書房）には「ある優れた目標を立て、それを高い水準で完遂しようとする動機づけ」とあり、心理学の教科書でも同じように説明され、誰もがもつとは限らない社会的欲求とされてきました。確かに、どの程度高い目標で達成感を得られるか、達成感を得るためにどの程度努力するかは教育や育ち方によって異なります。しかし、達成欲求そのものは赤ちゃんにもみられる基本的欲求です。勉強やスポーツ、仕事といった、社会的に望ましい達成に限定されるものではありません。例えば、なぜ多くの人が携帯ゲームやテレビゲームをするのでしょうか。パチンコなどのギャンブルと違ってこういったゲームの多くはお金などの外部からの報酬はありません。ゲームの面白さには多くの要因が関わっていますが、ゲームをクリアできること自体の達成感は大きな要因でしょう。パズル的なゲームはもちろんのこと、最終的なクリアが難しいゲームでも細かくステージを設けて達成感が得られるように設計されています。

「やったー！」という達成感、「できる！」という有能感は仕事や勉強に限らず人は様々な場面で求めます。そして、他者から認められ褒められれば承認欲求が満たされてなお嬉しいのです。視聴回数と「いいね！」の回数というフィードバックだけで、YouTube のような動画サイトに数えきれないほどの投稿がなされることが端的に示しているように、そのような心理はノーベル賞やオリンピックの金メダルから、赤ちゃんが積み木を積んで親から褒められることまで広くみられます。達成感、有能感、他者からの承認を求める性向は、生まれながらにもっている基本的欲求です。七百万年ともいわれる人類の歴史の大部分が、積極的に食べ物を探し回り、様々な手段で（時には協力して）手に入れて、集団内で互いに分配した狩猟採集生活でした。人類のそのような基本的な生活様式で有利に働く欲求として進化したと考えられます。優れた知能や器用な手と同様に、達成感、有能感、他者からの承認を求める性向は、人類が文明化する大きな要因となり、その特徴をさらに伸ばす教育や文化をもつ集団が文明を発展させたのでしょう。

大事なのは、達成感、有能感、他者からの承認を求める欲求は、明らかに自覚している場合だけでなく、私たちの様々な行為に関係しているということです。すでに述べたように、食事や買い物の隠れた理由かもしれません。単なる気晴らしと考えているゲームやカラオケでも、達成感や有能感を少し与えてくれるから気晴らしになっているのかもしれません。

4 欲求との付き合い方

欲求を過剰に刺激する現代の消費社会で、どうやって欲求とうまく付き合っていけばよいでしょうか。

一つの方法はもちろん、欲求を過剰に刺激する情報を避けるということです。しかし、街のあらゆる場所に広告があり、ネットがなければ仕事もできない多くの人にとっては現実的な話ではありません。開き直って欲求に身を任せていても様々な問題が起きます。人は清貧に生きるべきといった道徳に反しているからではなく、人間が進化した環境とはまったく異なる環境を、私たち自身がつくり出したからです。元の環境が楽園だったわけではありませんから元に戻ることは解決策になりませんが、進化の観点から欲求を見ることで、人間がどのような欲求をもちやすいかが理解できます。そのような知識は、自分自身がなぜ「…したい」と思うのか冷静な目で見る助けになります。自分自身の欲求をよく知ることが欲求とうまく付き合っていくために必要です。

とはいえ「わかっていてもやめられない」というのが普通の人間です。しかし、食べ過ぎない、買い物し過ぎない、ネットサーフィンで無駄な時間を使わない、といった欲求のコントロールがうまくできている人がいます。できる人とできない人は何が違うのでしょうか。そもそも、「…したい」という気持ちになること自体が少ないのかもしれません。できる人は自制心が強い、すなわち我慢強いのかもしれません。いずれもあり得ることですし、コントロールができる理由は人によって様々です。ただ、自制心だけでは長続きしません。コントロールできる人の多くは、達成感や有能感を求める欲求をうまく利用している場合が多いのです。難しい課題だからこそ、クリアしたときに「やったー!」「できる!」という喜びが得られます。しかし、我慢強い人でも、達成するまで大変な努力と時間を要する場合には途中で挫折してしまいます。達成可能な小さな目標に分割して、達成感と有能感を得ながら大きな目標をクリアしていくわけです。こういった方法は、教育におけるスモールステップ学習法からゲームのステージクリアまで、原理的には同じです。水泳教室では、泳ぎ方の種類や距離・タイムに応じてたくさんの級を設けて（小さな段階＝スモールステップに分けて）、達成できればワッペンを与えるといったことをしています。年少向けの学習塾では、たくさんの段階に分けた教材を用意して各自のレベルにあったところから始め、達成感と有能感を確実に得ながら進むことを重視しています。欲求のコントロールにおいても同様に、今日一日の我慢を、達成感や有能感という欲求を満たすための機会ととらえて、どのようにすれば我慢できるか自分なりに工夫して乗り越えるわけです。達成できれば、さらに達成感や有能感が得られる次のステージを自分なりに設定します。すなわち、欲求をコントロールすること自体を欲求にすることが、欲求をコントロールする秘訣といえるでしょう。

食べることをどうしてもやめられない「過食」やほとんどすべてのことを何もする気にならない「抑うつ」ということになれば、自分一人の力でコントロールすることはかなり難しくなります。そのときは躊躇せず心理カウンセラーに相談してください。カウンセラーは、あなたの達成感や有能感を満たしながら解決する方法を一緒に考えてくれます。

おすすめ読書案内

T.バーナム・J.フェラン（著）森内　薫（訳）2002　いじわるな遺伝子―SEX、お金、食べ物の誘惑に勝てないわけ　日本放送出版協会

外山美樹　２０１１　行動を起こし、持続する力　新曜社

３節　「我慢」は悪いことばかりではない

何かしたい、されたいという欲求を我慢するのはしんどいことです。どうしても欲求が満たされないとき、欲求達成を邪魔する障害物に対して攻撃性が表れるだけでなくイライラや腹立たしさといった感情をもつようになります。そして、あまりにも障害が大きく欲求が満たされない状況が続くと、ひどい場合には何をやってもダメだと悲観する、うつや無気力の状態が引き起こされることもあります。そのような状態になったのなら我慢せずに心の専門家に相談したほうがよいでしょう。

しかし、第４章２節で解説されるように「欲求」の本質を見極め、制御し、欲求のままに生きていかないことは非常に重要です。このような「我慢」の能力には個人差がありますが、大人になるにつれ、どうにか自分の衝動や感情の波に流されないよう努力し、やらなければならないことを成し遂げられるようになります。

1　子どもはいつから我慢できるようになるのか

そのような欲求のコントロールである「我慢」を人はいつからできるようになるのでしょうか。幼い子どもに「我慢」はかわいそうだと感じる反面、「我慢」はさせたほうがいいという考えも定着しているので、どのようなことをどの程度「我慢」させるべきなのか、そもそもさせてもいいのかと多くの親御さんが頭を悩ませているようです。ネット等で調べても様々な意見をみることができます。なかには、三歳までに辛抱の基本を身につけさせる、というものや、食事や睡眠といった基本的な生活リズムに関するものは「我慢」ではなく、習慣として学ばせるべきだというものもみられます。

赤ちゃんの様子を思い浮かべてみてください。笑っていたり、寝ていたり、おむつが濡れてむずかっていたり…赤ちゃんは己の排泄といった生理的反応のみならず身体を動かすことでさえ思うようになりません。同じように、自分の感情や欲求も制御ができません。それが次第に身体的な反応はある程度思うように制御できるようになっていきます。しかし、それに対して欲求や感情の制御ができるようになるにはかなりの時間がかかります。二〜三歳頃になると、親や大人の「ダメ！」という言葉を理解し、行為を止めることができるようになります。このような「我慢」の能力は発達心理学では「抑制」（もしくは「抑制制御」）と呼ばれています。少し専門的になりますが「抑制」の定義は「当該の状況で優位な行動や思考を制御する能力」[24]とされています。

目の前の誘惑を我慢する

最近はおもちゃ屋さんも街からほとんど姿を消し、子どもがおもちゃを欲しがって地べたに転がるまではしなくともおもちゃの前から離れない姿をほとんど見なくなりましたが、目の前にある欲求の対象を我慢するのは子どもにとって非常に難しいことであることは変わらないでしょう。いつから子どもが欲求を我慢できるようになるか等の、子どもの様々な能力を調べる際、親に尋ね思い出してもらうのも手ではありますが、私が専門としている発達心理学では実験や観察場面を統一して複数の子どもの様子を記録し分析するといった手法を主に用います。子どもの欲求抑制についてはミシェルの「マシュマロ・テスト」を用いて科学的なデータが蓄積されています[22]。この手法では、実験室に連れてこられた子どもは、目の前にある一個のマシュマロを今すぐにもらって食べてもいいし、実験者が退室して戻ってくるまで待っていれば二個目のマシュマロがもらえると告げられます。一個目のマシュマロが目の前に置かれたまま、実験者が帰ってくるまでの間（十五分間）の子どもの様子と最後まで待ち続けることができたかどうかが記録されました。一般的に様々な行動や衝動の我慢ができるようになるのは四歳頃といわれるのですが、それでも最後まで待てた子どもは全体の三分の一ほどであったといいます。もちろん目の前にあるものを我慢するのは至難の業ですが、この課題の巧妙な点は待っても待たなくてもマシュマロがもらえるというところでした。なので、もう我慢するのがしんどいと欲求を解き放ち、目の前の一個だけを手に入れることも可能だったのです。このような欲求のジレンマは人間が生きていく中で頻繁に生じます。もう少し早起きしすれば一駅分歩くことができ、長い目でみれば金銭的にも健康的にもよいという懸命な選択肢があるのと同時に、数十分長く寝て熟睡感を得るという魅力的な選択肢も存在します。大概、人間は目の前の欲求を満たすものを選び、将来得られるかもしれない利益を軽視してしまう傾向があります。

こんな難しいことをたった四歳でできた子どもはどのように我慢をし続けることができたのでしょうか。ミシェルたちは待っている間の子どもたちの様子やどのようなことを考えていたかを調べています。我慢をうまくできた子どもは、目の前にあるマシュマロから自分の気持ちをそらす方法を知っていたそうです。例えば、我慢ができた子どもは、マシュマロについて考えないように他の無関係であるがそれなりに楽しいことを考えていたそうです。実際に別の実験で、マシュマロの見かけや美味しさ等について具体的に考えさせた場合とまったく関係のないことを考えさせた場合を比較しても、マシュマロのことを考えていたほうが欲求を抑制できなかったことが示されています。そして、もう少し大きくなると、今食べると二個目がもらえないという衝動的な行動のデメリットを自分に言い聞かせるような行動もみられるようになり、最終的に十二歳頃には、ほとんどの子どもが一個目のマシュマロをもらうことを我慢することができるようになります。

著者自身も幼児の目の前にプレゼントを置き、我慢して待たせる課題を行ったことがあります。待っている間の子どもの行動には様々なものがありました。そこでも、はじめはプレゼントを見ているものの、急にまったく別のことについて話し続け、もうプレゼントのことなど興味がないかのような行動がみられました。本当にそれについて忘れてしまっていたのか、意図的に興味を切り替えていたのかは定かではありませんが、ミシェルの実験で上手に他のことを考えて待てた子どもたちのように、他のことに気持ちを移すことで我慢は我慢ではなくなっていたのかもしれません。

感情を我慢する

欲求を我慢する状況で抑制するのは自分の欲求だったわけですが、欲求以外の感情も同じように抑制できるようになります。いつも喜怒哀楽をそのまま表現しているかのようにみえる幼い子どもがそんなことができるのかと思う人もいるかもしれませんが、例えば現在のあなた自身が以下のような状況でどのように振る舞うかを想像してみてください。さほど頻繁に会わない親戚のおばさんがよかれと思ってあなたが大嫌いな食べ物をお土産として持ってきてくれました。聞けば、とても品質のよいもので結構値も張ったようです。さあ、この状況であなたは「これ大嫌い！」とつっぱねたり、しぶしぶもらうというような態度をとれるでしょうか。当然、あなたの本心としては「しぶしぶ」で、その食べ物に対する気持ちは「嫌い」のほかないでしょう。しかし、多くの人はそれなりに自分の本当の気持ちに蓋をし、笑顔を浮かべ、ありがたくもなくとも礼を述べるでしょう。このような人付き合いのうえで当然で社会的に好ましい行動をする際にも、「抑制」が機能しているのです。子どもがいつからこのように本来の気持ちを隠すことができるようになるかを調べた科学的な研究はいくつかありますが、初期の代表的なものとして「期待はずれのプレゼント課題」〔1〕があります。この課題では子どもが欲しくないプレゼントをもらうという実験場面を設定し調べています。結果としては三〜四歳頃になると自分が欲しくないものをもらっても子どもは相手に対して本当の気持ちとは反する「笑顔」を見せることができるようになることが示されています。このような能力が発達することにより人は円滑な人間関係を形成できるのです。

自分の気持ちを我慢する――人の視点から考える

これを読んでいるあなたは自分の考えや思いといった心の状態が他の人とは異なるかもしれないということを知っているはずです。しかし、三～四歳になるまで人間の赤ちゃんは実はそのことにあまり気がついていません。幼い子どもはかわいい顔をしていますが、とてもジコチュー（自己中心的）な思考（専門的には「自己への中心化」と呼びます）をし、他人は自分と同じことを知っていて、考えていて、思っているといった具合に自分と他者の心の状態に違いがあることを知りません。このような他者の心についての理解は「心の理論」[26]と呼ばれ、この理解の能力を測るのに「心の理論課題」が用いられます。その中で一番容易とされている課題では自分と他者の欲求が異なることを理解しているかが調べられます。この課題では二種類の食べ物の中から子どもは自分が好きなものを選んでから、物語の登場人物はもう一方の食べ物が好きであるということが伝えられ、その人物が二つのうちどちらを選ぶかを尋ねられます。心の理論課題ではこのように、自分と他者の好みや考え、思いといった心的状態の違いが理解できるかを調べるもので、正しく答えるには自分の心的状態を答えるのではなく他者のものを言わなければならないのですが、なかなかこれが三～四歳頃になるまで難しいのです。

この三歳頃という時期はこれまで紹介してきた欲求や衝動の抑制ができるようになるころと同じですがこれは偶然ではありません。実は、ここまで扱ってきた場面や状況に応じて必要なものに意識や注意を向け、邪魔な情報は抑制し無視する能力は脳の前頭前野が大きく関与していること、そしてその脳の部位はこの時期飛躍的に成長することが近年わかってきました。欲求や衝動が抑制されるように、この時期以降、子どもは、自分自身の心ばかりにこだわることをやめ、他者の心にも目を向けられるようになるのです。つまり、不必要な情報や衝動を抑制する力は他の人たちとうまくやっていく能力とも深く関わっていると考えられます。

2　子どもの頃の我慢力とその後

幼児の頃の我慢力が大人になったときどのように影響するのかが明らかになりつつあります。例のマシュマロの実験に参加した子どもが二十五〜三十歳になった頃、子どもの頃我慢できた人とできなかった人を比較したところ、我慢できた人は、より好ましい傾向をもっていました。具体的には、長期の目的の達成が得意である傾向、肥満傾向の低さ、学歴の高さ等といった社会的に好ましい行動や特徴をもっていたそうです。この結果は、誘惑に惑わされない能力、つまりは、衝動的欲求の我慢や抑制と直接つながりが想像しやすいものでしょう。しかし実は、大人になった彼らは、人間関係で起こり得る問題解決能力がより高く、人とより親密な関係性を形成できていたことも明らかになりました。そして、興味深いことに、彼らはネガティブな感情や衝動を抑制する力も優れてもいました。

そもそも幼い頃に魅力的なお菓子を目の前にして我慢できるような子どもは、よい人間に囲まれて育ち、感情の起伏や衝動性を周囲の大人たちが受け止めてくれるので、情緒的にも安定し、人や世間に対してネガティブな感情を抱かないので、結果的に円滑な人間関係を形成し親密になれるのではないかと思う人もいるかもしれません。確かに、抑制能力は幼児期、主に感情や衝動を受け止めてくれる主たる相手である母親との関係性（専門的には「愛着」と呼びます）の形成と関連しているという見解もあります。しかしながら、抑制能力自体が出来事に対する感じ方に影響を及ぼしているという考え方もあります。ここから少し、集団から拒絶される、つまり仲間外れになったときの感情と抑制制御についてお話ししたいと思います。

インターネットやSNSといった通信技術の発展によって常に連絡を取り合うことや相手の様子を知ることが非常に容易になっても、人に嫌われるのではないか、集団からのけ者にされるのではないか、という心配や孤立に対する恐怖の根本的な部分は変わりません。なぜなら、大昔から人間にとって群れに属し孤立しないことは死活問題だったからです。なので、中学生や小学生でなくとも、集団からの拒絶に対して、人は大変敏感です。実は、集団から拒絶されたときに感じる心の痛みを身体的な痛みと同じように脳は感じていることがわかっています[31]。拒絶に対する感じ方は、人によって異なりますが、高い拒絶感受性をもつ人は世間や人々に対して拒絶されるかもしれないという不安が高く、些細なことでも個人攻撃として受け止め、相手に好かれているか、愛されているかばかりが気になり、スムーズな他者との関係を築けない特徴があります。これに対して、低い拒絶感受性をもつ人は同じように拒絶されたとしてもさほど影響を受けません。ミシェルの弟子たちは、幼児期に例の実験に参加した子どもを追跡し、大人になってから高拒絶感受性をもつ人たちを対象に調査をしたところ、子どもの頃マシュマロを待つ我慢強さ（＝高い抑制能力）をみせた人は、待てなかった人よりも良好な人間関係を形成していたことを明らかにしています。つまり、世間や人たちに対して悪いイメージをもち、ネガティブな感情的や衝動が頭に浮かびがちであっても、抑制能力を駆使すれば、スムーズな人間関係を形成することや感情コントロールができることをこれは示しています。

3 我慢力を訓練する

ここまで見てきたように、我慢する力である抑制制御の能力は子どもの将来の社会的地位や学力、そして人間関係の形成、そして精神的な安定性に影響を及ぼすようです。しかし実のところ、何をすればこのような能力が伸ばせるかについて科学的な検証はあまりされていません。わかっているのは、普段から情報や衝動を抑制したり我慢したりする経験を課せられている子どものほうが抑制制御の能力が高いという可能性です。つまり、我慢をする経験が我慢力を高めているといっていいでしょう。例えば、二言語を使って育つバイリンガルの子どもは一言語しか使わないモノリンガルの子どもに比べ抑制制御の能力が高いといわれています。なぜなら、バイリンガルの子どもは普段から頭の中に浮かぶ二言語の情報を状況や話者に合わせて切り替えるという情報の抑制を頻繁に行っており、それが結果的に抑制制御の訓練となっているとされるからです[18]。同様に、子どもに有酸素運動、武道、モンテッソーリ式の教育を受けさせることで、これらの能力が高められることをわかっています[2]。有酸素運動は通常の運動よりも前頭前野への血流を増加させる効果があり、武道は単なる運動よりも精神統一を重視することから衝動のコントロールが必要であり、モンテッソーリ教育は自律的に行動しつつも他者との和が強調される教育法で上手に自己コントロールすることが求められるものです。

今からでも間に合うのか？

幼児期の抑制のすばらしい影響をここまで読んできたあなたは絶望的になったかもしれません。自分はすでに子どもでもなければ、幼い子どもの頃もそんなに我慢できたタイプではかった、もう感情的にも社会的にもお先真っ暗だ…と。確かに、前頭前野が目覚ましく発達するのは幼児期です。しかし、その時期を過ぎてしまったら、もう変化しないのかというとそうではないということが近年の研究で示され始めています。

実は高齢者や発達障がいの抑制制御の能力の衰えや欠陥をどう食い止めるかや、必要な訓練について多くの研究がされています。成人や高齢者においても有酸素運動によって前頭前野の血流が増加し、抑制制御を調べる課題の得点が上昇することが報告されています。高齢者や運動嫌いな人に有酸素運動はハードルが高く現実的ではないと思う人にはそれ以外の比較的簡単な活動についてもその効果が検討されていますので安心してください。例えば、息のはずまない程度の非常に軽い運動や一時期流行した「脳トレ」ゲーム等にも実行機能を高めるのに一定の効果があることがわかっています。これらの活動は、前頭前野の働きを高める可能性があるものですが、他にも働きを高めるものがあります。それは、自分自身が抑制制御の働きを理解し、その働きに応じて情報や感情の整理をすること、そしてその必要性を理解することです。

4　上手に我慢するために

魅力的な事柄や衝動的な感情で頭がいっぱいで何をどうしていいかわからないほど混沌しているとき、抑制の能力は上手に機能しません。衣替えをしようとしているときに素材の種類も、きれいなものも汚いものもいっしょくたになった衣服の山が目の前にあるような状態のようなものです。これをただ「片付ける！」と考えるだけでは脳に対する指示が曖昧過ぎてパニックしてしまうのです。これからの季節に着るものはどれか、着ないものはどれか、洗濯済みはどれでこれから洗濯するのはどれか…。そもそも収納ケースに入るのは何着までなのかを知ったうえで作業をしなければなりません。

気がついたかと思いますが、収納ケースのサイズは自分の脳の処理能力、衣服の山は情報や感情の隠喩です。まず、自分が処理できる情報や感情はどの程度でどのようなものかを知っておくことが重要なのです。この自分の知識や能力について知ることを心理学では「メタ認知」と呼びます。勉強をしているとき「わからないことがわかること」が重要だとされるのと同じで自分の抑制制御能力を上手に使うには、その限界を理解したうえで、それに合わせて情報や感情を整理しなおすことが重要なのです。

しかし、仕事や勉強といった作業の情報の整理ならまだしも、感情的であったり衝動的になった場合はそんな冷静さを保つのも至難の業でしょう。そこで提案されているのが、「もしxになったら、yする」という単純なルールの徹底です［7］。もし抑制したい感情や衝動を感じたら、理屈等考えず、自動的にまったく別のことを考えたりして、注意の切り替えを行うようにするのです。これはまさにマシュマロを上手に我慢できた子どもたちがやっていたことと基本的に同じです。幼児とは違い、複雑な社会に生きる大人にとっては難しいことかもしれません。とはいえ、こんな脳の機能などという小難しい話が出てくるずっと以前から、ストレス解消方法として「まったく違うことをする・考える」という選択肢は使われてきました。考えないようにすると考えてしまうのが人間の心の難しさですが、ネガティブな感情や思考から距離を置く、つまり注意を向けない訓練を通して感情のコントロールや精神的な安定性が向上することがわかってきています。実際に、瞑想、ヨガといった東洋的な精神統一法を基にしてつくられたマインドフルネス〔13〕トレーニングにこの考え方は取り入れられており、抑うつや不安障害等の改善にも効果があるそうです。

自分自身の能力についてのメタ認知の形成は幼い子どもにはできないことです。抑制制御の仕組みと働きを知り、自分に合った方法を探っていく中で、必要なときにこれまで以上に上手に我慢ができるようになるかもしれません。

おすすめ読書案内

W. ミシェル（著）柴田裕之（訳）2015 マシュマロ・テスト―成功する子・しない子 早川書房

浦 光博 2009 排斥と受容の行動科学―社会と心が作り出す孤独 サイエンス社

4節 「自分（私）のため」と「人（公）のため」のバランスを ——ジェンダー・パーソナリティから考える

1 「自分（私）のため」と「人（公）のため」

本章2節では、自分の欲求との付き合い方を考えました。これは、自分の欲求を満たして「自分（私）のため」に、いかに生きるかという問題です。この章では、さらにこれに「人（公）のため」に生きることも加えて、公私のバランスについて考えます。人間は社会的動物であり、人と人の間で生きています。そして、社会の中で、皆、何らかの果たすべき役割を担っています。学校のクラスやサークルや職場など、集団や組織では必ず役割分担がありますが、それにより、効率よく安定して集団や組織が運営されるのです。さらに、そうした集団をより広くとらえると、女性として、あるいは男性として生活するのは、社会集団で性別役割を担っていることと考えることができます。これですぐに思いつくのは、「男は仕事、女は家庭」かもしれません。

ところで、男女に期待される役割は、仕事や家事などの日常生活に関するものだけではありません。「男は度胸、女は愛嬌」などといわれるように、性格や態度、好き嫌い、能力、感情、欲求のあり方などにも男女別の役割があるのです。こうした個人的で心理的なものまでも、性別に基づいて、女性の役割、あるいは男性の役割が個人に割り当てられるわけですから、時には自分の個性に合わないものが、自分の役割として期待されることも少なくありません。さらに近年、同性愛、両性愛、性別違和などへの関心が高まってきましたが、そもそも人間の性を女と男のいずれかであるとか、性的欲求は女なら男に、男なら女に向くのが当然であると考える前提でさえ、それが本当に妥当なのか、問われるべきでしょう。とはいうものの、性別に基づく役割は慣習として頑固に存在し続け、それにはみ出すことを社会は許さない傾向は、今も続いています。

こうした社会で割り振られた男女の性別役割は、ジェンダーと呼ばれています。心理学では、個人の性格などのジェンダー・パーソナリティと、その人の心理的健康（自尊心、幸福感、抑うつ傾向、不安感など）や社会的適応（社会でうまく他人と付き合うことなど）との関連が研究されてきました。ジェンダーは、社会から期待されている役割の一つなので、「人（公）のため」という意味が強いといえます。女性の場合であれば、女性的役割、男性の場合は男性的役割を担うとき、それは、人（公）の期待に無理にでも合わせていることもあるのです。そして結果としてジェンダーに沿った性格や行動をしています。しかし、女性でも男性的性格になりたい人もいますし、男性でも女性的なものが好きな人がいるはずです。しかし、自分の欲求に正直に個性的に生きていると、残念なことに、社会からは期待外れな人間だと扱われて、周りの人たちからはみ出してしまい、不適応を起こし、かえって自分が生きづらくなることにもなります。そこで、人間は、「自分（私）のため」に個性的に生きると同時に、「人（公）のため」に社会で期待された男性・女性の役割をある程度は担うことも受け入れ、そこのバランスをうまくとる工夫をしながら生きているのです。

では、どのようなジェンダー・パーソナリティの人が心理的に健康で、社会的にも適応しやすくなるのかを見ていきます。まずは、表4-1に回答して、あなた自身のジェンダー・パーソナリティのタイプを調べてみましょう。

2　あなたのジェンダー・パーソナリティは、どのタイプ？

ジェンダー・パーソナリティのタイプは、女性性と男性性の高さによって決定します。一般に社会で女性に期待された性格（他者への気配りや献身、愛嬌、感受性、従順さなど。これらを共同性といいます）が、女性性です。一般に社会で男性に期待された性格（行動力、決断力、指導力や、自己主張的、野心的など。これらを作動性といいます）が、男性性です。表4-1で○をつけた番号（1から4のいずれか）を、以下の六項目ずつ合計してください。

女性性（共同性）得点　1、2、3、5、6、9の項目の合計点
男性性（作動性）得点　4、7、8、10、11、12の項目の合計点

女性の場合、男性性得点が十五点以上で、女性性得点が十八点以上の人は、心理的両性具有型です。男性性得点が十五点以上で、女性性得点が十七点以下の人は、男性性優位型です。男性性得点が十四点以下で、女性性得点が十八点以上の人は、女性性優位型です。男性性得点が十四点以下で、女性性得点

表4－1　CAS（共同性－作動性尺度［5］）

下の1から12の各項目は、どれくらいご自分に当てはまりますか。

1（全く当てはまらない）、2（あまり当てはまらない）、3（やや当てはまる）、4（かなり当てはまる）のいずれか1つを選んで、番号を○で囲んで下さい。

		全く当てはまらない	あまり当てはまらない	やや当てはまる	かなり当てはまる
1	ありがとうの言葉を口に出せる	1	2	3	4
2	相手の立場にたって考えられる	1	2	3	4
3	素直に謝ることができる	1	2	3	4
4	積極的に活動する	1	2	3	4
5	人をほめるのがうまい	1	2	3	4
6	人と協力できる	1	2	3	4
7	自分の意見は主張する	1	2	3	4
8	自分に自信がある	1	2	3	4
9	思いやりをもって人と接している	1	2	3	4
10	困難なことにぶつかってもくじけない	1	2	3	4
11	一度決心すれば、すぐに行動に移す	1	2	3	4
12	意志が強く、信念を持っている	1	2	3	4

が十七点以下の人は、未分化型です。

男性の場合、男性性得点が十六点以上で、女性性得点が十八点以上の人は、心理的両性具有型です。男性性得点が十六点以上で、女性性得点が十七点以下の人は、男性性優位型です。男性性得点が十五点以下で、女性性得点が十八点以上の人は、女性性優位型です。男性性得点が十五点以下で、女性性得点が十七点以下の人は、未分化型です(これらのタイプ分けの基準は、一つの目安程度にお考えください)。

自分のジェンダー・パーソナリティのタイプはわかりましたか。高校生や大学生は、未分化型の人も多いのですが、それが、女性は女性性優位型、男性は男性性優位型が増えていき、成人になると心理的両性具有型が増えていく傾向があります。

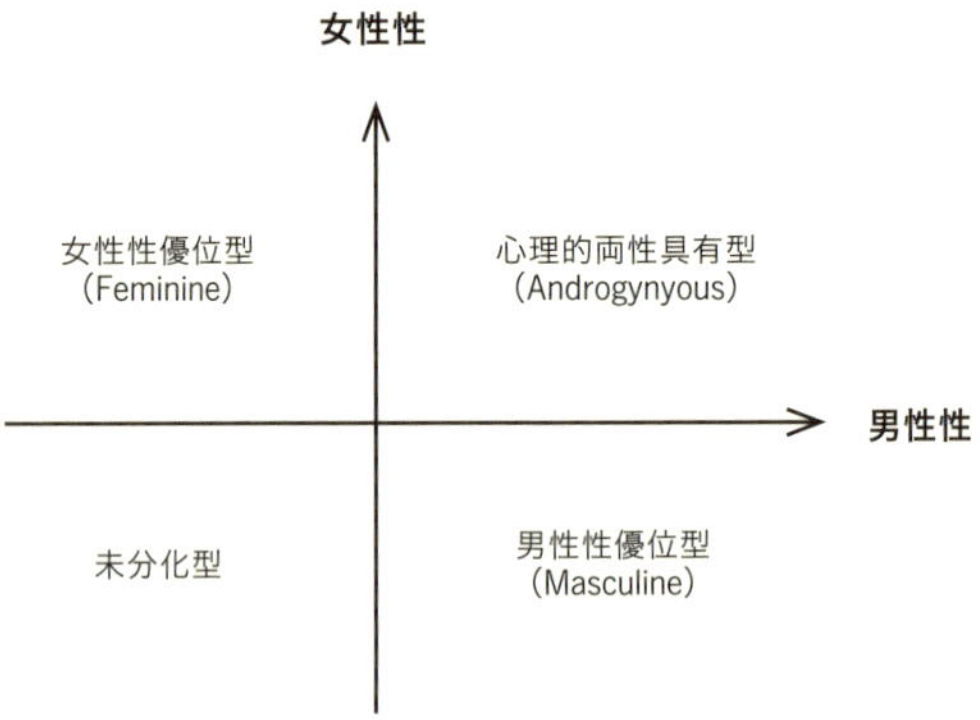

図4－1　男性性、女性性のプラス面の高低で決定されるジェンダー・タイプ

3 ジェンダー・パーソナリティと心身の健康の関係

女性が妻・母・就業者としてイキイキできるのは、心理的両性具有型

私たちは、大卒女性に対して郵送による質問紙調査を行い、妻・母・就業者役割から得られる役割達成感の高さを、ジェンダー・タイプ間で比較しました[3]。その結果、男性性優位型は就業者役割から、女性性優位型は妻・母役割からは高い役割達成感を得ていたのですが、妻・母・就業者のすべての役割から高い達成感を得ているのは、心理的両性具有型の女性でした。また、多重に役割をこなす傾向が強いのも、心理的両性具有型でしたが、引き受ける役割が多いことは生活満足感を高める一方、疲れて役割過負荷を感じる傾向があることもわかりました。男女にかかわらず、「人のため」にも「自分のため」にも生きている心理的両性具有型の人が、いろいろな社会的役割に従事する傾向をもち、また、そこから高い達成感を得て、充実した毎日を過ごせる可能性が高いといえます。

男性性が強いと、男性も女性も、タイプA行動傾向に

タイプA行動傾向とは、精力的な活動、行動の強さや速さ、人に対する攻撃性などがみられる行動傾向のことです。「急げ急げ病」ともいわれ、競争社会で、人よりもスピーディに効率よく多くの仕事をこなすためには、有利な特性かもしれません。しかし、タイプAの人の身体の状態は、常にストレス下に身をおくようなもので、ストレスに関係するホルモンやコレステロール値は高く、免疫力は低下しています。そして、虚血性心臓疾患（心筋梗塞や狭心症）にかかりやすい傾向もあります。私たちが大学

生に対して行った質問紙調査の結果より、男女にかかわらず男性性が高い人は、タイプA行動傾向が高いことがわかりました［4］。いわゆる会社人間のような男性は、仕事をバリバリこなし、出世街道をひた走っているわけですから、そのことが「人のため」などとはさらさら思ってはいないかもしれません。しかしそれが度を過ぎると、会社のため、家族のために自分の身体を犠牲にすることにつながるのです。

初対面の男女一対一で、話し上手、聞き上手なのは、心理的両性具有型

私たちのこの研究［10］は、男女一対一で会話をする際の適応力について実験したものです。まず、実験に先立って、大学で心理学の授業を受講している男女大学生に対してジェンダー・パーソナリティを測定する質問紙調査をし、男性については、心理的両性具有型と男性性優位型の人を実験参加者に選び、女性については、心理的両性具有型と女性性優位型の人を選びました。そして実験場面では、初対面の男女各一名ずつ、五分間で自由な会話をしてもらいました。その際、会話の様子をビデオで撮影しておき、実験後、第三者によるビデオ評定をしました。

その結果、男女にかかわらず「人のため」と「自分のため」のバランスをとっている心理的両性具有型の人は、あまり会話中に緊張せず、話し相手をリラックスさせ、相手に近づくような姿勢で会話をしていました。ゆえに、心理的両性具有型の人は、異性とのコミュニケーションにも長けているといえそうです。ただしこの実験で、実験参加者の瞬きの回数も測定したところ、心理的両性具有型は上手にコミュニケーションする一方、瞬きも多く、心の中ではストレスに耐えていることもうかがわれました。

母も娘も、内面的なおしゃれをするのは、心理的両性具有型

おしゃれと聞けば、流行の服やアクセサリーで着飾り、人気タレントと同じヘアスタイルにして、セクシーさを強調して、人の視線を集めて…というような外面的なおしゃれのことを思い浮かべる人が多いでしょう。でも、人からの評価などとは無関係に、自分自身の好みや着心地のよさ、本物志向、見えないところへのこだわりなどの内面的なおしゃれもあるのです。そこで、私たちは、女子大学生とその母親、百七組に、どのジェンダー・タイプの人が、内面・外面のそれぞれのおしゃれをするのかを明らかにするための質問紙調査を行いました［8］。

その結果、母親の場合は、外で社会的に活動し、会食をする機会があるほど、また、心理的両性具有性が高いほど、内面的なおしゃれも、外面的なおしゃれもしていました。

娘世代も、心理的両性具有性が高いほど内面的なおしゃれをする傾向があるのですが、母親世代とは異なり、外面的なおしゃれは、心理的両性具有性の高さには関係していませんでした。若い女性は、ジェンダー・タイプにかかわらず、皆が外面のおしゃれに気を遣っている年頃なのでしょう。それが母親世代になると、社会で活発に活動するかどうかによって、外面のおしゃれをする傾向の違いを生むようです。

心の健康度が最も高いのは、心理的両性具有型

ここでは、心の健康とジェンダー・パーソナリティの関係について明らかにした研究を二つ紹介します。私たちが大学生と専門学校生（女子が三百五十五名、男子が二百四十七名）を対象に行った質問紙

調査では、ジェンダー・パーソナリティのタイプを決定する際に使われる男性性（作動性）と女性性（共同性）のプラス面に加えて、それぞれのマイナス面の影響も検討しました［9］。そして、不健康さの指標としては抑うつを、健康さの指標としては自尊心を測定しました。

分析の結果、男女とも、男性性と女性性のプラス面が高いと抑うつは低くなり、男性性と女性性のマイナス面が高いと抑うつは高くなりました。反対に自尊心は、男性性と女性性のプラス面が高いほど高まり、女性性のマイナス面が高いと低くなりました。

次に、二〇一五年に、女子大学生四百四十名、男子大学生四百五十三名に私が実施した調査結果です（未発表）。心理的健康指標として、「恩恵享受的自己感」（自己を取り巻く他者や環境に対する肯定的感情で、日本人独自の、幸福感を高める自尊心）、「プロアクティブ・パーソナリティ」（環境からの圧迫に屈しにくく、逆に働きかける積極性や粘り強さ）、「自尊心」（自信や自分への肯定感）、「主観的幸福感」の尺度に回答してもらいました。

その結果、男女ともほぼ同じように、大半の指標で心理的両性具有型の心理的健康が最も高く、次いで男性性優位型、その次が女性性優位型、最後が未分化型でした。女性性よりも男性性のほうが、健康に結びつきやすいのかもしれません。あるいは、男性性をもつほうが健康に生きられる社会を、皆がつくっていることも考えられます。

4　ジェンダーという社会的役割を超えて

以上の研究結果は，押しなべて，男性役割の性格である男性性も，女性役割の性格である女性性も，両方とも高い心理的両性具有型は，「人のため」と「自分のため」のバランスをとることにつながっており，健康になりやすいことを示唆しているといえるでしょう。男性性優位型や女性性優位型の人は，社会から期待されたものを「人のため」に備えようとし過ぎかもしれません。もう少し「自分のため」に生きてもよいでしょう。未分化型の人は，これから先，おそらく社会で働き始めたりすると，自分の性別やそこに期待されたものを意識せざるを得ないことが，だんだん増えてくることが予想されます。そのときには，「人のため」に女らしく，男らしく，そして「自分のため」にも生きてください。

最後に，本章では，自分のためと社会のための両方が大切で，そのバランスを取ることで健康が保たれることを説明してきました。実は，ここで考えてきた男女それぞれに期待される性格特性の共同性と作動性は，男女という性別を超えて，人間として，本来両方とも必要な要素なのです。公私のバランスのとれたジェンダー・パーソナリティを目指すことで，作動性と共同性を充実させるきっかけになれば幸いです。

おすすめ読書案内

青野篤子（編著）　2016　アクティブラーニングで学ぶジェンダー　ミネルヴァ書房

土肥伊都子（編著）　２０１４　自ら挑戦する社会心理学　保育出版社
土肥伊都子（編著）　２０１６　自ら実感する心理学　保育出版社

第4章　引用・参考文献

[1] Cole, P. M.　1986　Children's spontaneous control of facial expression. *Child Development*, **57**, 1309-1321.
[2] Diamond, A., & Lee, K.　2011　Interventions shown to Aid Executive Function Development in Children 4 to 12 Years Old. *Science*, **333**(6045), 959-964.　http://doi.org/10.1126/science.1204529（２０１６年６月）
[3] 土肥伊都子・広沢俊宗・田中國夫　1990　多重な役割従事に関する研究―役割従事タイプ、達成感と男性性、女性性の効果　社会心理学研究　**5**, 137-145.
[4] Dohi, I., Yamada, F., & Asada, H.　2001　The relationship between masculinity and the Type A behavior pattern: the moderating effects of femininity. *Japanese Psychological Research*, **43**, 83-90.
[5] 土肥伊都子・廣川空美　2004　共同性・作動性尺度（ＣＡＳ）の作成と構成概念妥当性の検討―ジェンダー・パーソナリティの肯否両側面の測定　心理学研究　**75**, 420-427.
[6] 藤本浩一　2016　授業成績と認知的／非認知的能力の関係　神戸松蔭女子学院大学研究紀要人間科学部篇 **4**.
[7] Gollwitzer, P. M.　1999　Implementation intentions: strong effects of simple and future. *Clinical psychology: Science and practice*, **10**(2), 144-156.
[8] 橋本幸子・尾田貴子・土肥伊都子・柏尾眞津子　2006　おしゃれの二面性尺度の作成およびジェンダー・パーソナリティとの因果分析―母世代・娘世代の比較　社会心理学研究　**21**, 241-248.
[9] Hirokawa, K., & Dohi, I.　2007　Agency and communion related to mental health in Japanese young adults. *Sex Roles*, **56**, 517-524.
[10] Hirokawa, K., Dohi, I., Yamada, F., & Miyata, Y.　2000　The effects of sex, gender type, and partner's gender type on interpersonal adjustment during a first encounter: androgynous and stereotypically sex-typed couples. *Japanese Psychological Research*, **42**,102-111.
[11] 井上　宏　2015　笑いの力―笑って生き生き　関西大学出版部
[12] 岩瀬真生　2001　科学が明かす笑いと健康―笑いと脳　笑い学研究　**9**, 80-103.

［13］Kabat-Zinn, J.　2003　Mindfulness-based interventions in context: past, present, and future. *Clinical psychology: Science and practice*, **10**(2), 144-156.
［14］鹿毛雅治（編）　2012　モティベーションをまなぶ12の理論　金剛出版
［15］木村博子　2015　笑いと音楽療法―その連携の可能性に向けて熊本大学文学部論叢　**106**, 1-15.
［16］木村洋二　2010　笑いを科学する―ユーモア・サイエンスへの招待　新曜社
［17］熊崎友望・山守由純・五十嵐哲也　2014　中学生による「教師のユーモア表出」認知と中学生自身のユーモア感知力　愛知教育大学研究報告教育科学編　**63**, 93-101.
［18］久津木　文　2014　バイリンガルとして育つということ―二言語で生きることで起きる認知的影響　*Theoretical and applied linguistics at Kobe Shoin TALKS*, **17**, 47-65.
［19］待田昌二　2006　心理学における欲求概念の再検討のための序説　神戸松蔭女子学院大学研究紀要人文科学・自然科学篇　**47**, 79-96.
［20］待田昌二　2011　心理学における基本的欲求概念の再検討　神戸松蔭女子学院大学研究紀要人文科学・自然科学篇　**52**, 83-98.
［21］Martin, R. A.　2007　*The Psychology of Humor: An Integrative Approach*. Elsevier.　野村亮太・雨宮俊彦・丸野俊一（監訳）　2011　ユーモア心理学ハンドブック　北大路書房
［22］Mischel, W.　2014　*The Marshmallow Test: Mastering Self-Control*. Little, Brown and Company.　柴田裕之(訳)　2015　マシュマロ・テスト―成功する子・しない子　早川書房
［23］中野信子　2014　脳内麻薬―人間を支配する快楽物質ドーパミンの正体　幻冬舎新書
［24］日本発達心理学会（編）　2013　発達心理学事典　丸善出版
［25］大島希巳江　2006　日本の笑いと世界のユーモア―異文化コミュニケーションの観点から　世界思想社
［26］Premack, D., & Woodruff, G.　1978　Does chimpanzee have a theory of mind? *The Behavioral and Brain Science*, **1**, 515-526.
［27］椎野　睦　2012　ユーモアの自己支援的効果と抑うつの関連性　立正大学心理学研究年報　**3**, 83-90.
［28］須藤伝悦　2008　モーツァルトが求め続けた「脳内物質」　講談社＋α新書
［29］高橋直哉　2003　ユーモアはストレス対処に有効か？　―ユーモアセンスがストレス認知的評価に及ぼす影響　臨床死生学年報　**8**, 75-83.
［30］田中愛子・市村孝雄・岩本テルヨ　2003　笑いが女子大生の免疫機能等に与える影響　山口県立大学看護学

部紀要　**7**, 121-125.
[31] 浦　光博　2009　排斥と受容の行動科学　社会と心が作り出す孤独　サイエンス社
[32] 上淵　寿（編）　2008　感情と動機づけの発達心理学　ナカニシヤ出版
[33] Underhill, P.　2004　*Call of the mall.* Simon & Schuster.　鈴木主税（訳）　なぜ人はショッピングモールが大好きなのか　早川書房　p.272.
[34] 油井　恵　2010　なぞかけの理解と認知構造　駿河台大学論叢　**41**, 73-80.

第5章　カウンセラーはどんな訓練を受けてきたの？

ここまでは主にカウンセリングについて様々な立場から述べてきましたが、本章ではカウンセラーが身につけなければならない技能やその教育・訓練、そして実践や研究を行う際の倫理について述べていくことにします。全体的にやや専門的で堅苦しい話になるかもしれませんが、できるだけわかりやすく紹介したいと思います。

1節 臨床心理士と精神科医の違い

皆さんが心に何らかの心配事や悩み事を抱えた場合、その解決策の一つとしてカウンセリングを利用するという方法があります。ただ、カウンセリングを受けてみようと思っても、「一体どこに行けば受けられるのか?」「病院やカウンセリング専門施設では、受けられるカウンセリングの内容がどう違うのか?」「自分の心配事を相談するのに最も適したところはどこなのか?」など、わからないことが多々あり、結局、相談に至るまでにかなりの時間が必要となったという話をよく耳にします。現代のように、インターネットが普及し、自宅で様々な情報が瞬時に入る状況にあっても、心配事や悩み事を素性のよくわからない人にそう簡単に打ち明けることは難しいというのが人の情です。

ここでは、カウンセリングを行う代表的な専門職の中から、臨床心理士と精神科医を取り上げ、いくつかのポイントを通して、受けられるカウンセリングの違いについて解説しましょう。なお、混乱を避けるため、以降は、いくつかの専門用語の表記をわかりやすく統一したいと思います。

まず「診断」「治療」という言葉です。法律上、「診断」「治療」行為ができるのは、医師・歯科医師など特定の国家資格を保有した者のみです。臨床心理士はここに該当しないため、「診断」「治療」行為を行うことは法的に許されていません。また、そもそも臨床心理士の行うカウンセリングが「診断」「治療」行為なのかどうかという難しい議論もあるため、ここでは臨床心理士や精神科医によって行われるカウンセリングなどの介入全般を「支援」という言葉で表記します。ただし、必要に応じて「支援（治療）」という表記が登場します。この場合、精神科医など医師免許保有者の支援に限って用いることとします。

次に「患者」という言葉です。医療場面では、「病気や怪我を治すために訪れた人」という意味で当たり前に使われますが、カウンセリングは医療場面でのみ行なわれているわけではありません。学校で行われるスクールカウンセリング、職場で行われる産業カウンセリングもあります。病気や怪我のこと以外で相談に来る人も多くいます。そこで、本節では、病気や怪我のことも含めて、広く相談に来た人を意味する「クライエント」という言葉を使うことにします。

1　どのような勉強を積んできた人たちなのか

まず、臨床心理士と精神科医の養成の違いから見てみましょう。表5－1をご覧ください。

現在、臨床心理士になるにはいくつかの方法があるのですが、最も代表的なパターンを一つ紹介します［8］。

一般的には、四年間の大学教育を受けた後に、公益財団法人日本臨床心理士資格認定協会が指定する大学院修士課程（指定大学院）に進学します。修士課程修了までの二年間、臨床心理学を中心とした専門的な知識を身につけると同時に、カウンセラーとしての厳しいトレーニングを受け、その翌年度の秋に開催される臨床心理士資格審査（筆記試験と面接試験）に合格しなければなりません。ただし、四年間の大学教育においては、専門とする分野に制限はありません。英語などの語学、経済学や法学、はたまた、数学や物理学を学んできた人もいます。もちろん、心理学を学んできた人が多いのは確かです。

また、資格取得後も五年に一回の資格更新が義務づけられており、更新を迎えるまでの期間に定められたポイント数の研修を受けていなければ、資格を失うことにもつながりかねません。さらに、臨床心理士は国家資格ではなく、文部科学省が公認する団体（日本臨床心理士資格認定協会）が認定する資格です。

一方、精神科医になるには、六年課程の医学部医学科を卒業し、医師国家試験に合格していることが大前提となります。詳細は他書に譲るとして、重要と思われるところだけ紹介します。

医師国家試験に合格し晴れて医師になったからといって、すぐに精神科医になれるわけではありません。現役の精神科医からの話をまとめてみますと、まず、約二年間、研修医として内科や外科を中心としたと多くの診療

表５－１　臨床心理士と精神科医の養成の主な違い

	臨床心理士	精神科医
基礎教育	４年制大学＋指定大学院※修士課程２年	医学部医学科（６年）
資格試験	臨床心理士資格審査	医師国家試験
資格取得後の研修及び資格	５年ごとの資格更新	２年間の研修医制度（内科、外科など全般）
		精神科医としての後期研修
		精神保健指定医
		精神科認定医
カウンセラーとしての専門的訓練	指定大学院在学中から	精神科医としての後期研修以降

※公益財団法人　日本臨床心理士資格認定協会が指定する大学院

科で診療技術全般を学ぶことが義務づけられています（前期研修）。その後、ようやく精神科医の道を歩み始めます（大学病院で研修を受ける場合「精神科医局への入局」といいます）。とはいえ、精神科に入局して四～五年は、精神科が対象とする様々な精神疾患に関する知識や、そうした方々に対する種々の診療技術を学ぶ時間に割かれます（後期研修）ので、カウンセリングを本格的に学ぶのは、こうした訓練が一通り終わってからのほうが多いようです。ただここで念のために述べておきますが、すべての精神科医が本格的なカウンセリングの訓練を受けるわけではありません。後期研修後、脳科学など他の生理学的な方向に専門性を見出す場合もあります。どの専門性を追求するかは、精神科医の好みに任されているのです。

さて、話を戻しましょう。繰り返しになりますが、精神科医とは、医師という国家資格をベースにもつ専門家集団です。そのため、身体に関する医学的知識も踏まえながら心の問題を考え、問題解決を図るのが得意とされています。薬による支援（治療）を主体としながらカウンセリングを実施するなどがそのよい例です。なお、臨床心理士のような資格更新制度は設けられていませんが、臨床業務を継続し、一定の知識と技能を有する精神科医は、申請により厚生労働大臣より、より高度で専門性の高い業務が行える精神保健指定医に指定されます。また、日本精神神経学会が認定する精神科専門医を取得するのも一般的です。

以上のように、臨床心理士と精神科医の養成のあり方はまったく異なっています。臨床心理士は、心理学、とりわけ臨床心理学を深く学び、そこをベースにカウンセリングの訓練を受けます。精神医学を中心とした医学的な内容も学びますが、質、量ともに決して豊富ではありません。一方、精神科医は、むしろ身体医学や精神医学について深く学び、国家資格である医師免許を取得し、医師としての広い診療技術を養うことが求められます。そのうえで臨床心理学を学びつつ、カウンセリングの訓練を受けます。

一見すると、精神科医のほうが医学という膨大な学問を徹底的に学んでいる分、カウンセリングもそれだけ科学的で奥の深いものになると思われがちです。しかし、一概にそうとも言いきれません。臨床心理士も、心理学を中心に、社会学、宗教学、文学、芸術など人間の心に関わる様々な領域の内容を自主的に学び、実際のカウンセリングに役立てられるよう日々努力を重ねています。また、精神科医との交流を通して、医学的な知識を深めることにも努めています。

2　臨床心理士と精神科医の行うカウンセリング

表5－2をご覧ください。臨床心理士と精神科医の役割の概要をまとめてみました。

他の部分でも述べますように、カウンセリングの基礎的技能である「傾聴的姿勢」、あるいは「受容」「共感」といったその構成要素を重視する点は、臨床心理士であっても精神科医であっても同じです。ただ、クライエントへの支援において、カウンセリングをどのように位置づけるかで、多少の違いがあるようです。

臨床心理士の行うカウンセリングはどのようにとらえられるでしょうか。

まず、前項でも述べましたように、臨床心理士は、医師のように医学全般を修めたわけではありません。

指定大学院に入学すると同時に、主として臨床心理学を中心とした心理学を学びながら、支援方法としてのカウンセリングの訓練を徹底的に受けるのです。その中身には、大きく二つのステップがあります。

まず、クライエントの心のありようを心理学の視点から見立てる「臨床心理査定」の段階です。心理検査や面接、観察などを通して、クライエントが自身の性格、葛藤の内容、不安の程度、長所などをどのようにとらえているかを把握し、今後の支援方針の立案に生かします。そして、こうして立案された方針をクライエントとの間で共有し、同意を得て、「臨床心理面接」つまり問題の解決を目指したカウンセリングの段階に入るのです[8]。

こうした「臨床心理査定」「臨床心理面接」の一連の流れに基づいてクライエントへの支援を組み立てる考え方は、「臨床心理行為」とも呼ばれています。

一方、精神科医の行うカウンセリングとはどのようなものでしょう。

藤本は、精神科医が行う支援（治療）として、薬物療法、心理カウンセリング、さらに、クライエントの生活環境の調整や周囲の人が病気を正しく理解し対応するように働きかけるケースワークの三つを挙げています[2]。そして、問題（病気）の種類や程度によって、これ

表５－２　臨床心理士と精神科医の役割

	臨床心理士	精神科医
支援	臨床心理査定	診断
	臨床心理面接	治療（薬物療法、カウンセリング、ケースワークを含む）
その他	臨床心理学的地域援助	地域医療など
	研究	研究
支援行為	臨床心理行為	医行為

ら三つの支援方法をどのように組み合わせるのか、あるいは、どの支援方法を優先するのかが変わってくるとしています。慎重な「診断」結果に引き続き、カウンセリングをメインとして支援が繰り広げられることがあります。逆に、カウンセリングは二の次となり、薬物療法やケースワークがメインとなることも決して少なくありません。

このように、まず「診断」作業に基づいて病気を確定し、病気に対して適切な「治療」を複数、あるいは単独で行おうとする考え方は、特に「医行為」とも呼ばれています。

多くの精神科医が立脚する「医行為」では、カウンセリングはいくつかの支援（治療）方法の一つと位置づけられており、あくまでもクライエントの抱える問題（病気）によって必要か、必要でないかが決まるといってもよいでしょう。

このように、臨床心理士はカウンセリングの専門家、精神科医は同時に薬物療法やケースワークも視野に入れたうえでのカウンセリングの専門家ということになります。ただし、いずれの専門家も、ここでいうカウンセリングに関する訓練を受けているのが条件です。そうであれば、受けられるカウンセリングにほぼ違いはないと考えてよいでしょう。

最後に、皆さんにアドバイスをしましょう。皆さんが心に何らかの悩みを抱えたときに、臨床心理士、精神科医のどちらを選ぶかという場合です。

一般に、心の悩みに加えて、夜眠れない、食欲がなくなった、疲れやすい、頭が重いなどの身体的な問題も同時に起こっていれば、やはり精神科の門をたたくべきです。身体的な問題が併存するほど、皆さんの心の悩みは、何らかの心の病気に由来する可能性が増すからです。病気に対する支援（治療）は、精神科医の得意分野です。精神科医による慎重な診断を受け、必要であれば、主治医の精神科医、または紹介された臨床心理士によるカウンセリングを受けることになるでしょう。

3　おわりに

この原稿を書いている最中に、臨床心理士とは別に、新たに「公認心理師」という国家資格が成立しました。心理学の業界では初の国家資格で期待が高まるのですが、現段階では、養成のための細かいシステム（カリキュラムや研修など）、臨床心理士との関係などは不透明です。今後の動向に注目したいと思います。

おすすめ読書案内

公益財団法人日本臨床心理士資格認定協会（監修）　2015　新・臨床心理士になるために　誠信書房

2節　カウンセラーになるための訓練

1　カウンセラーの資格

カウンセラーとは、悩みや問題を抱えた人々との面接を通して、問題解決に向けた支援を行う専門家のことを指します。しかし、カウンセラーと一口に言っても、結婚カウンセラーやキャリアカウンセラー、美容カウンセラーなど様々な分野でのカウンセラーが存在し、その養成コースも多種多様にあります。

本書では、心の悩みに対して臨床心理学に基づく知識と技術を用いて援助する専門職である心理カウンセラーについて述べていくことになります。以下では、その中でも大学院レベルの教育・訓練を経て養成される臨床心理士について詳しく見ていくことにします。

2　臨床心理士の専門業務

さて、臨床心理士とはどのような仕事をするのでしょうか。臨床心理士に求められている専門業務は、以下の四種に分類されています［8］。

臨床心理査定（心理アセスメント）

種々の心理検査や面接、観察などを通して、クライエント（来談者）の心的状態や問題を明らかにし、どのような方法で援助するのが望ましいか、支援の方針を考える際に役立てます。

臨床心理面接（カウンセリング、心理療法）

クライエントの問題に応じて、様々な臨床心理学的技法（精神分析、遊戯療法、クライエント中心療法、箱庭療法、行動療法、芸術療法、家族療法、夢分析、臨床動作法、認知行動療法、集団療法など）を用いながら、クライエントの心理的な問題の解決に向けた支援を行います。臨床心理士の最も中心的な専門業務です。

臨床心理的地域援助

特定の個人を対象とするだけでなく、地域住民や学校、職場に所属する人々（コミュニティ）への働きかけが必要になることもあります。個人のプライバシーを守りながらも、情報整理や関係調整を行ったり、その人を支える関係機関や他の専門家と連携しながら援助していきます。今日的な幅広い心理臨床活動に関する社会的要請に応えるために、今後ますます重要になる領域といえます。

臨床心理的調査・研究

心理臨床の実践を意義あるものとするために、援助技法の開発や効果判定など多様な臨床心理実践に関する調査・研究を行います。

3 臨床心理士養成のしくみ

次に、臨床心理士になるまでの道のりを簡単に説明しましょう。

臨床心理士は、文部科学省により認可された公益財団法人日本臨床心理士資格認定協会が認定する民間資格です。臨床心理士養成に関する指定大学院（一種・二種）または専門職大学院を修了することが臨床心理士資格試験を受験するための要件となっています。例えば、私の所属する神戸松蔭女子学院大学大学院は第一種指定大学院ですので、修士課程を修了した年度の翌年の秋に資格試験を受験することができます。試験は筆記試験（一次試験）と面接試験（二次試験）から成り、それらに合格して初めて臨床心理士の資格が与えられるのです。

また、資格取得後も自らの心理臨床能力の維持発展を図るため、五年に一回の資格更新が義務づけられており、更新を迎えるまでの期間に所定のポイント以上の研修を受けることが必要となります。このように、大学院における二年間の教育・訓練はもちろんのこと、大学院修了後そして資格取得後も、生涯にわたって継続的に研鑽を積むという点が臨床心理士養成の大きな特徴であるといえるでしょう。

4　臨床心理士になるための訓練

臨床心理士の専門業務については先述したとおりですが、これらの四種の業務を実践できる能力を獲得するためには、どのような教育・訓練が必要なのでしょうか。大学院修士課程の二年間で身につけるべき基礎訓練について、簡単に紹介したいと思います。

知的学習

心理臨床の領域に関する知識を蓄積していくためには、継続的な知的学習が欠かせません。それには大学院の講義で臨床心理学やその関連領域について幅広く学ぶことが重要です。さらに、古典と呼ばれる偉大な臨床家によって書かれた本をしっかりと熟読することも大切です。自らの臨床に役立てることができるよう繰り返し読むことで、より多くのことが学べるでしょう。

また、「事例研究」や「事例報告」などの資料を読むことも、カウンセリングを学ぶうえでとても重要です。クライエントの症状理解や病理の理解、さらに治療プロセスなどを勉強したいときにこれらの資料は大変役に立ちます。

ロールプレイ

ロールプレイはカウンセリングを学ぶうえで不可欠の体験学習です[7]。一般的には、大学院生が相互にカウンセラーとクライエントの役割を演じ、面接の実習を行う方式がとられています。ロールプレイの目的は、実際の場面を設定し、カウンセリングの技法を身につけることです。ここで体験されることは、①クライエントを一人の人格として体験すること、②カウンセラーとしてはっきりと自己を相手の前に示すことを体験すること、③実際的場面において処置しなければならない諸問題に気づくこと、などであり[11]、カウンセリングの訓練として実に多くのことが学べるでしょう。

試行カウンセリング

試行カウンセリングとは、友人や知人を相手にして、自分がカウンセラーとなり、五回ないし十回面接を限定してカウンセリングを試みることです[11]。試行カウンセリングでは、クライエントがこの試行カウンセリングの相手になることを了解してくれていることと、カウンセリングの回数を制限していること以外は、実際のカウンセリングとまったく変わりはありません。

クライエントの選択にあたっては、カウンセリングや心理学に関心をもっている人を選びます。ただし、現在すでに精神的な問題について深刻な悩みを抱えている人は避けたほうがよいでしょう。そして、面接の時間や回数、場所などを決め、あらかじめ録音の了解を得ておきます。面接が終わったら逐語記録を作成しグループ討議を行いますが、逐語記録を作成する過程において新たな気づきが得られることも多く、カウンセリングの訓練において重要な学習過程であるといえます。

実習

実習には大きく分けると「学内実習」と「学外実習」があります。

学内実習とは、在学中に大学附属の心理相談機関で実際にカウンセリングを行う実習のことです。臨床心理学の知識と技術を学んだ大学院生にとって、最も重要な実践訓練となります。また、それと並行して、インテーク面接（受理面接）への陪席も行います。インテーク面接とは、クライエントおよびその家族がどのような相談内容を抱えており、その主訴の背景にある問題は何かということを明らかにし、面接方針を決めることを目的とした初回面接のことです。大学院生は、クライエントにできるだけ心理的影響を与えないような位置に座り、インテーカー（主に臨床心理士の資格をもつ教員）が担当する面接の実際を直接観察し記録をとることを通して臨床場面に慣れていきます。

一方、学外実習とは、病院や学校、福祉施設などの学外の施設において、心理臨床業務の実際について実習を通して学習するものです。また、他職種の専門性について理解を深め、チームとしての業務の進め方などについても体験的に学ぶことができます。

スーパービジョン

スーパービジョンとは、初心者（スーパーバイジー）が心理面接を行っている事例について、指導者（スーパーバイザー）から、その見立てや面接の進め方などについて具体的に指導を受けることです。臨床心理士になるための訓練としてスーパービジョンがいかに重要であるかということについては、これまでに多くの人から指摘されていますが、とりわけ初心者の頃にどのようなスーパービジョンを受けるかが、その人が心理療法家として成長していくのに決定的な影響を及ぼすといわれています[3]。

スーパービジョンのやり方としては、一対一の個人スーパービジョンと数人まとめて行う集団スーパービジョンがありますが、初心者の場合には個人スーパービジョンのほうが適しています[3]。

ケース・カンファレンス（事例検討会）

ケース・カンファレンスは、先述したスーパービジョンと並んで臨床心理士の訓練の根幹をなすものです。実際に事例を担当するようになると、毎週定期的に開催されるケース・カンファレンスにおいて、自分が担当する事例やインテーカーが行う受理面接に陪席した事例について発表し、それぞれの事例について見立てや面接の方針など幅広い視点から検討します。

倫理

臨床心理士は、心の問題を扱う専門家として常にその資質や倫理観が大きく問われます。例えば、日本臨床心理士資格認定協会は臨床心理士が遵守しなければならない倫理綱領を定めていますが[8]、これらの項目はいずれもここまで述べてきた教育・訓練の過程において大学院生が必ず身につけておくべきものです。臨床心理士は、自らの専門業務がクライエントに重大な影響を及ぼすものであるということを常に心に留めておくことが必要です（詳しくは、第5章3節を参照）。

3節　カウンセラーが守るべきこと（倫理的事項）

カウンセラーは、専門家としてクライエントに関わります。そこでは当然、専門家としての倫理、すなわち職業倫理が求められます。

カウンセラーの職業倫理の基本は、クライエントに害を与えないということです。ひょっとすると皆さんは、何を当たり前のことを言っているのかと思われているかもしれませんね。ところがこのことは、実はそれほど単純なことでもないのです。例えば、クライエントの話のわかりづらい部分に対して、カウンセラーが詳しい説明を求めたとします。それに対してクライエントが答えているうちに、自分でも忘れていたとてもつらい出来事を思い出し、動揺して感情的に取り乱し、余計な質問をしたからだと泣きながらカウンセラーを責めたとします。このときカウンセラーが質問をしたことは、クライエントに害を与えたことになるのでしょうか。また、さらにカウンセリングが進んでいく中で、この出来事を思い出したことがクライエントの問題解決の鍵になったことが、最終的にクライエントとカウンセラー双方に理解されたとします。つまりカウンセラーが詳しい説明を求めなければ、問題解決ができなかったか、少なくとももっと時間がかかったかもしれません。そうした場合、詳しい説明を求めないことは、クライエントに害を与えることにはならないのでしょうか。

こうした例でもわかるように、カウンセラーは一般的な人間関係とは質の違う関わりを、クライエントとの間にもつことになります。そのときに、クライエントに害を与えないということの意味について、様々な観点からよく考えなくてはならないのです。そのうえで、次に示すようないくつかの事柄について、カウンセラーは職業倫理として遵守することが求められるのです。

1　守秘義務

カウンセラーの守るべき倫理として、最も重要なのが守秘義務といっても過言ではないでしょう。守秘義務とは、職業上知り得た秘密をよそへ漏らさないというものです。守秘義務はカウンセラーに限らず、医師や弁護士あるいは公務員といった、人のプライバシーを扱う仕事に携わる人には必ず課せられるものです。しかし、カウンセラーにとって、この守秘義務が他の職種にもまして重要なものであることは、少し考えてみれば明らかでしょう。例えば、皆さんが自分自身の悩みをカウンセラーに相談したいと思っても、その内容が自分の知らないうちにカウンセラーから別の人に漏れてしまうとしたら、相談する気になるでしょうか。きっと、そうはならないでしょう。クライエントが安心して自分のことを話し、カウンセラーとともに考えていくためには、その秘密が守られるということが大前提となるのです。

ただし、この守秘義務が解除される、守秘義務より優先される場合や状況がないわけではありません。例えば、カウンセリングの中でクライエントが、このあとに自殺しようと思っていると打ち明け、このことは誰にも伝えないでほしいと言ったとします。そのときカウンセラーは、守秘義務にしたがって、誰にもこのことを伝えてはならない…ということにはならないのです。実際にそのクライエントが自殺してしまう可能性が高いと判断されるときには、カウンセラーはクライエントの命を守るために必要な対処をしなければなりません。場合によってそれは、クライエントの家族にクライエントが自殺を考えているということを伝えることかもしれません。また、自殺のようなクライエント自身が自分を傷つける行為ではなく、クライエントが他者を傷つけるようなことをしそうな場合にも、守秘義務を越えた対応、例えばクライエントが傷つけようとしている人に注意を促すなどの対応が必要となる場合がありま す。このような、クライエントが自身や他者を傷つけるようなことを「自傷他害」といいますが、自傷他害のおそれがあるときには、守秘義務が解除されることがあるのです。

しかし、たとえ守秘義務を解除する場合でも、カウンセラーはできるだけその必要性をクライエントに伝え、可能な限り納得してもらうことが必要とされています。例えば、先ほどのクライエントが自殺するといった例では、家族にそのことを伝えることをクライエントに告げ、その必要性をしっかりと説明することが求められるのです。

2　二重関係（多重関係）の禁止

カウンセラーとクライエントは、専門家（カウンセラー）と、専門家に援助を求める依頼者（クライエント）という職業的な関係です。カウンセラーとクライエントという関係をもつ場合には、それ以外の関係を持ち込んではいけないとされています。クライエント－カウンセラー関係に別の関係を持ち込んだ状態を「二重関係」ないしは「多重関係」といいます。

では、どうして二重関係（多重関係）をもつことはよくないのでしょうか。例えば、あなたが、バイト先の上司からカウンセリングを受けると考えてみましょう。普段からあなたのことをよく知っている上司がカウンセラーとして関わることは、一見よいことのように思えるかもしれません。場合によってはあなたのほうが、よく知らないカウンセラーよりも、上司にカウンセリングしてもらうことを望むかもしれません。しかし、それだとカウンセリングがうまく進まないのです。カウンセリングが効果的に進められるためには、クライエントが自分の思ったことや感じたことを自由にカウンセラーに対して表現できることが必要です。守秘義務が重視されるのも、そのためです。自分の上司でもあるカウンセラーに、あなたは自由に自分のことを話すことができるでしょうか。最初こそ話しやすいと感じるかもしれませんが、次第に、バイトでの失敗を話すと叱られるのではないかとか、こんなことを言うと評価が下げられてしまうのではないかといった想いが生じて、きっと窮屈に感じることでしょう。これは、上司の「指導」「評価」といった機能と、カウンセラーの「受容」「共感」という機能とが異なることから生じる問題なのです。

同じように、学校の先生と生徒、友達同士、親子、といった関係それぞれがもつ性質は、クライエント－カウンセラー関係の性質とは異質なものであり、有効なカウンセリングを進めていくためには不適切なものとなってしまうのです。

3　記録の作成と公開

カウンセラーはクライエントと行っていることを、私的なものとして隠してしまってはいけません。カウンセリングは、あくまでも職業的、専門的な公的関係であり、そうである以上、それについての記録が作成される必要があります。また、必要に応じて記録は、公開されなければなりません。具体的には、ケース会議での報告、研修会における事例検討、さらには論文として公開すること、などがあります。また、司法関連機関からの開示請求などが生じる可能性もあります。

こうした記録の作成と公開は、カウンセラーがクライエントとの間で行っていることが適切であるかどうかをチェックする重要な機会となるのです。もしそれがなければ、仮にクライエントにとって害となるような関わりがあったとしても、誰もそれを止めたり修正したりすることができず、クライエントの被害が非常に大きなものとなってしまうのです。

以上のことは、守秘義務とは真逆のことを言っているように思えるかもしれません。クライエントのプライバシーや秘密は守らなければならないが、そこで行われていることが適切であるかどうかについてはチェックされなければならない…カウンセラーが、非常に頭を悩ませるところです。実際に、何を、どのような形で記録に残し、それを誰に対して開示するのかということについては、個々のケース、個々の場面について個別に慎重に吟味しながら、行っていくしかないのです。

4 インフォームド・コンセント

クライエントに対してカウンセリングを提案するときカウンセラーは、何を、どのような形で行い、その結果どのようなことがもたらされるのか、といったことを、クライエントに充分に説明しなくてはなりません。そこには、どれぐらいの時間（期間、回数）が必要なのか、費用はいくらかかるのか、カウンセリングの経過の中でどういった問題が生じる可能性があるのか、といったことも含まれます。「悪いようにはしないから、何も言わずに、私が言うとおりにしてください」とか、「すべて私に任せなさい」といった態度は、カウンセラーがとるべき態度とは異なるものです。

ただし、カウンセリングがどのように進んでいって、最終的に何がクライエントにもたらされるのか、ということについては、完全に予測できるものではありません。「やってみなくてはわからない」という側面がかなりあることも確かです。カウンセラーは、そういった不確実性も含めて、クライエントに説明する必要があります。

このことと関連して、カウンセラーは自分に何ができて何ができないのか、ということを、はっきりと伝えることも必要です。どんな問題についてもクライエントが望むとおりの結果をもたらすことができるようなカウンセラーは、存在しません。万が一、そういったことを言っている人がいたとしたら、その人にはカウンセリングを受けないほうがよいでしょう。カウンセラーは、自分の扱える範囲を超えるような問題である場合などには、適切な専門家に紹介することも必要なのです。例えば、カウンセリングを求めてこられた人には、医学的な治療が必要となる人も少なくありません。そうした場合カウンセラーには、そのことを充分にクライエントに説明したうえで、医療機関に紹介することが求められます。

5 職能的資質の向上と自覚

カウンセラーは、常に自分の技能や状態を自覚するよう努めると同時に、自らの資質を高めるように、研鑽に励まなくてはいけません。カウンセリングの領域も、日進月歩です。日々、新しい知識や技法が開発されています。そのため、時間が経つことで、自分がかつて学んでいたことが古くなってしまうことが生じますが、それだけにとどまらず、場合によっては不適切なものになってしまうこともあるのです。ただしこのことは、カウンセラーは常に新しいものを追い求めなければならないということを意味するのではありません。自分の現在の状態を把握、確認し、クライエントに対するより適切な援助を行っていくために何が必要なのかを考えることが大切だということであり、そのためにも、研修を受けたり、自発的な学習を行ったりすることは、カウンセラーには必須のことなのです。

3節　カウンセラーが守るべきこと（倫理的事項）

4節 カウンセリングの研究

「カウンセリング」について皆さんが抱くイメージはどのようなものでしょうか。心理学やカウンセリングにあまり馴染みのない方や、これから学ぼうとしている学生などに尋ねると、「話を聞いてもらうと楽になるもの」という回答が多く返ってきます。実際のところ、話を聞くことはカウンセラーの仕事の重要な一部ではあります。そして、そういったイメージがカウンセリングに対してもたれる理由の一つとして、カウンセリングに限らず、話を聞いてもらい楽になった経験が多くの人にあるということが考えられます。しかし、ここで様々な疑問が生じてきます。話を聞いてもらうと楽になるのが本当ならそれはなぜなのか？　楽になる程度は、話す時間や聞き手の対応によって違うのか？　それを測る方法は？　そして、「楽になること」と「よくなること」とは同じかそれとも違うのか？　等々です。それらの問いのすべてに明確な答えが出ているわけではありませんが、第5章2節に臨床心理士の専門業務として紹介されているように、カウンセリングがそれを必要とする人や社会全体に役立つものとなることを目指して、カウンセリングの研究が続けられており、少しずつ明らかになってきていることもあります。本節では、それらを概観し、カウンセリングの意義について考えてみたいと思います。

1　カウンセリングの研究方法

カウンセリングの研究にとって最も重要なことは、効果があるのかないのか、あるとすればどれくらいの期間受ければどの程度よくなるのかを明らかにすることといえるでしょう。効果がないとわかっている治療にわざわざお金や時間を費やす人はいないわけですから、このような研究は、カウンセラーという仕事が成立するためにも必要なことだといえます。

カウンセリングを含む、人を対象とする研究には、量的研究と質的研究という二つの方法があります。前者は、現象を数値化し、統計的に分析を行うことで現象を理解しようとするもので、後者は、対象者の主観的な体験の内容を解釈的に分析することで現象を理解しようとするものです。両者にはそれぞれ長所と短所があるので、両方の研究が行われ互いの短所を補い合うことが大切だと考えられています。

カウンセリングの量的研究は、その前後に数値化が可能な尺度（心理テストなど）を施行し、結果を比較すれば行うことができます。簡単にできそうな感じもしますが、実際には、カウンセリングを受けている期間、被験者であるクライエントは他の様々な刺激にも晒されていますし、被験者（調査や実験に協力する人）が本来有している特性や重症度も異なるため、カウンセリングを受けた「から」よくなったことを証明するのは実はとても難しいのです。そんな中、「ランダム化比較試験」（様々な特性や背景を有する人々を偏りなく集めグループ単位の数値を比較する方法）などの優れた方法が開発され、研究の信頼性が高められてきました。そういった研究の多くは、カウンセリングに一定の効果が認められると結論づけていますㅤ[9]。

いくら精度を高めても、量的研究が扱えるのは数値化されたデータに限られるため、それゆえの困難さや限界があります。例えば、うつ病の鑑別や病状の変化を把握するために用いられる「簡易抑うつ症状尺度」の中に「死や自殺についての考え」という項目があります。そこでは、死や自殺について「考えることはない」「人生が空っぽに感じ、生きている価値があるかどうか疑問に思う」「一週間に数回、数分にわたたって考える」「一日に何回か細部にわたたって考える」という四つの選択肢が与えられ、後のものを選ぶほど重症であると評価されることになっています。しかし、このような項目によって人が死をどのようにとらえどの程度近くに感じているかを正確に知ることはできません。心理テストで測定できることと本人が主観的に体験していることとの間には、どうしても一定の差が生じてしまいます。また、「死や自殺について考えることがありますか」のような直接的な質問項目の場合は特に、クライエントが他者からどう見られたいと思っているかといった、症状そのものとは異なる要因により回答が歪められる可能性についても考慮する必要があります。セラピストとの関係によって症状が改善したり悪化するという現象は、古くからよく知られています。よくなってセラピストに認められたい、悪くなってセラピストの価値を貶めたい、そういったことは、クライエントが他の人との間でも繰り返してきたことであり、症状にはクライエントが自身を表現し他の人とつながるという意味合いもあるのかもしれません。生きて日々変化している二人の間で生じる変化を測定するというのは、決して簡単なことではありません。

さらに、カウンセリングには、どのような変化を「効果」とみなし、どういった状態に至ることを最終的な目的とするのかが、微妙に異なるいくつもの種類が存在しているため、種類の異なるカウンセリング同士を比較して論じることが難しいという問題もあります。

一般的に、カウンセリングの治療的効果には、①「パーソナリティの統合」（心がよりまとまりのある状態に至ること）、②「症状の減退」、③「自己の情動の受容」（自分自身をより受け入れられるような状態に至ること）、④「現実との接触」（客観的・現実的に物事を扱えるような状態に至ること）、⑤「より建設的な感情および態度」（日常生活や対人関係を良好にするような情緒表出や態度表明ができる状態に至ること）、そして⑥「より効果のある知性的機能」（知性的な生活ができる状態に至ること）などが含まれています［6］。「よくなった」とか「楽になった」というようにクライエントが表現する主観的な状態像の変化は、①から⑥のどれによっても結果として得られると考えられます。

しかし、①から⑥のすべてに改善や解決がみられなければカウンセリングが終結されないというわけではありませんし、特に何を重視するのかは、先に述べたカウンセリングの種類によって、またクライエントによっても異なるでしょう。あるクライエント（Aさん）は、うつ病の症状がなくなり以前のような元気な自分に戻りたいと言ってカウンセリングを受け始めました。このとき、Aさんがカウンセリングに期待する効果は②に限定されていました。しかし、症状に改善が現れる頃には、気分の変動に重要な影響を与えている「周囲の人との関係」について考えるために継続を希望し（④⑤⑥に相当）、さらに数年後には、カウンセリングを受けることは「生きること」と同じようなものだと考える（①③に相当）ようになっていました。Aさんにとって、「よくなる」ことが「元に戻る」のと同じではないことへの気づきが、カウンセリングを続ける動機につながったようでした。しかし、それもまた、セラピストの期待に応えるためとか、セラピーを終わりにしないためという本来の目的と異なるところで起きている現象かもしれません。どちらの動機に基づいてカウンセリングが行われているかを知ることができるのは、このカウンセリングを体験しているクライエントとセラピスト以外には存在しません。ですから、セラピストは、自分の行っているカウンセリングに対して責任をもてる唯一の専門家として、起きていることを理解し、クライエントに伝える努力をし続けなければなりません。そういった個々のケースに関するセラピストの仕事は、質的研究、特に「事例研究」という方法でまとめられ役立てられています。

事例研究とは、単一か少数の事例の分析から普遍的な事実の抽出を目指す研究方法を指します。事例研究は、量的研究で扱うことが難しい複雑な心の現象や変化の過程を扱うことができるという利点を有する一方、研究者であるカウンセラーの主観により事実が歪曲されやすいことや、数少ない事例から普遍性を論じることの危険性などが弱点として指摘されてきました。したがって、専門家同士の情報共有や実践力向上のために活用されることはあっても、科学的根拠のあるデータとして用いられることはあまりありませんでした。しかし、量的研究の弱点を補うという意味合いから、また事例研究の方法そのものが発展してきたことにより、その重要性が見直されつつあります［9］。事例研究の精度を高めるには、主観的体験をいかに信頼性に足るデータとして表すかが重要です。近年、語りの内容（テーマ）や膨大なテキストデータを分析する方法が開発され、カウンセリング研究にも応用され始めています。

日本におけるカウンセリングの普及と発展に多大な貢献をした河合隼雄は、事例研究の重要性について次のように述べています。「ひとつの症状について何例かをまとめ、それについて普遍的な法則を見出すような論文よりも、ひとつの事例の赤裸々な報告の方が、はるかに実際に『役立つ』」［4］。彼のいう「赤裸々な報告」とは何を指しているのでしょうか。事例研究を含む質的研究が対象とするのは、クライエントの主観的な体験に違いありませんが、実際には、カウンセリングは、クライエントとセラピストとの主観的な体験のやりとりによって成り立っています。より厳密にいうなら、クライエントの主観的な体験は、セラピストがそれを主観的に体験し、表現することにより事例研究に適したデータに変換されています。つまり、優れた事例研究は、セラピスト自身の赤裸々な報告でもなければならないということを河合は指摘しているのだと思います。このことは、非常に困難な作業というだけでなく、長い間質的研究の弱点とされてきたことでした。河合はさらに、「近代科学のトップレベルの方法論の問題に『事例研究』という方法によって切りこんでゆけるということも夢ではない」とまで述べています。研究者の主観が研究の質を高め得るという河合の指摘は、カウンセリングの質的研究を行うすべての研究者を励ますものであると思います。今後さらにカウンセリングの質的研究が発展していけば、河合がいうように、客観性だけでなく主観性により科学的であることが根拠づけられるような新たな科学のあり方が確立されるときが来るかもしれません。

2 カウンセリングの意義

自らの主観的な体験をデータとして用いるという研究方法に対して、カウンセリング研究はどこまでも慎重かつ謙虚であらねばなりません。しかし一方で、客観的に効果のあるカウンセリングはよいカウンセリングで、そうでないものは悪いと信じ込むことの危険性もあります。前項で紹介したAさんは、カウンセリングを続ける過程で、重いうつ病の症状に悩む代わりに、生きることに関わる様々なことに悩むようになっていきました。このような変化は、うつ病の症状にのみ焦点を当てるなら「よくなっている」のでしょうが、悩みがなくなったわけではありませんし、軽くなったとすらいえないかもしれません。カウンセリングは、Aさん自身が言うとおり、「生きている」ことと同じように、喜びや苦しみを伴う作業なのだろうと思います。

フランスの哲学者カンギレムは、「病気は健康の次元の一つの変異ではない。病気は生命の一つの新しい次元である」と述べています[10]。また、イギリスの精神分析家ビオンは、「私たちは『治癒』のような用語を使うことはできますが、それには長続きする現実性も、特に意義もありません」と、本節の内容が丸ごと転覆させられそうなことを言っています[1]。病気の反対は健康で、病気より健康のほうがいいに決まっている。だから病気は治すもの、治癒を目指すもの、そういった常識を疑ってみることを、彼らは私たちに勧めてくれているようです。そして、それらはカウンセリングの研究にとって非常に重要なことだと思います。何であれ病気はつらいので、大抵の人は早く治して健康になりたいと願います。それは、病気を健康の対極にあるものとして、つまり健康の次元の変異とみなすことに相当すると考えられます。しかし、中には元に戻るようには治らない病気もあります。正確には、病気を体験する以前の状態に戻ることは、重度の記憶障害という新たな病気を患わない限り誰にとっても不可能です。カンギレムのいう「生命の新しい次元」とは、病気を一つの主観的な体験とみなし、それをも統合されたパーソナリティを有する自分として生き続けるという新たな可能性を示唆しています。そうした観点をもつとき、ビオンがいうように、治癒という枠を超えたカウンセリングの意義が見出され得るのではないかと思いますが、そこへ至るにはさらに研究が積み重ねられる必要があるでしょう。

おすすめ読書案内

河合隼雄　２０１３　新版心理療法論考　創元社
高橋　豊　２０１４　精神障害と心理療法　河出書房新社

第5章　引用・参考文献

[1] Bion, W. R.　2005　*The Tavistock Seminars.* Karnac Books.　福本　修（訳）　2014　タヴィストック・セミナー　岩崎学術出版社
[2] 藤本　修　2010　精神科医はどのように話を聴くのか　平凡社
[3] 一丸藤太郎・栗原和彦（編）　2005　レクチャー心理臨床入門　創元社
[4] 河合隼雄　1986　心理療法論考　新曜社　pp. 288-296.
[5] 河合隼雄（監修）　齋藤久美子・鑪幹八郎・藤井　虔（編）　1994　臨床心理学4―実践と教育訓練　創元社
[6] 小林芳郎（編）　1998　臨床心理学　保育出版社　pp. 119-121.
[7] 國分康孝（編）　1990　カウンセリング辞典　誠信書房
[8] 公益財団法人日本臨床心理士資格認定協会（監修）　2015　新・臨床心理士になるために　誠信書房
[9] 野田亜由美　2015　研究法としての事例研究―系統的事例研究という視点から　お茶の水女子大学心理臨床相談センター紀要
[10] 高橋　豊　2014　精神障害と心理療法　河出書房新社　pp. 436-439.
[11] 鑪　幹八郎　1977　試行カウンセリング　誠信書房

あとがき

近年、注目を浴びているストレス対処法に「マインドフルネスストレス低減法」というものがあります。お聞きになったことはありますか？　簡単に言えば、東洋の仏教にルーツをもつ瞑想法（特に呼吸法）を中心に組み立てられたストレス軽減トレーニングの総称です。

その本の中に「やっかいごとだらけの人生」という表現が何度も出てきます。少し要約して紹介します。

人間としての限界や弱さ、病気やけがや障害、個人的な敗北や失敗、愛する人の死や自分の死、といった、さまざまなレベルで味わう絶望感や痛みや恐怖、不安感、無力感などを含めた私たちの人生をうまく言い表す言葉はなかなかみつかりません。…（こうした）人生の「やっかいごと」には、災害や決定的な危機も含まれますが、（何か）うまくいかないといった程度のことも含まれています。…職場（学校）や家庭でのプレッシャーや、人間関係のさまざまな問題、失望感、そしてこの目まぐるしく変化する世界にのみこまれないようにバランスを保つこと。…ストレスが生じる状況をあげていくと限りなく続くわけです［1］。

そう言われると、確かに私たちの人生は「やっかいごとだらけ」です。

しかし、私たちはこの「やっかいごと」にいつも無力だったわけではありません。「やっかいごと」を完全に消し去ることは難しいかもしれませんが、「やっかいごと」にうまく対処する方法は、古い時代から様々な形で実践されてきました。先に述べた、マインドフルネスの基礎となった呼吸法もその一つです。呼吸に意識を集中させることで冷静さを取り戻し、「やっかいごと」によって身動きがとれない状況からもう一度心身のリフレッシュをはかろうというわけです。

現代心理学はこうした「やっかいごと」の対処法をリニューアルさせ、様々なタイプのカウンセリング（心理療法）として発展させてきました。

わが国に、その主な担い手である臨床心理士が誕生したのは一九八八年ですので、すでに四半世紀が過ぎました。今や、学校、職場、病（医）院、福祉施設、さらには司法機関など、私たちの生活に関係がある多くの拠点で臨床心理士によるカウンセリングが受けられるところまで来ています。

しかしながら、「やっかいごと」を抱えたすべての人々が、気楽にカウンセリングを受けるところにまでは至っていないようです。たとえ専門の臨床心理士が相手であっても、自分の悩み事を見ず知らずの他人に打ち明けることは勇気のいることでしょう。

私たちが本書を企画したのは、多少贅沢かもしれませんが、高校生の皆さんを始め様々な年齢層の読者に、カウンセリングとはどういうものなのかということを、今一度、できるだけわかりやすい言葉で知っていただくためでした。どのようなものかが明らかになれば、カウンセリングを受けるハードルは格段に低くなります。暮らしの中にカウンセリングが身近なものとして位置づくと、皆さんの人生はずいぶん変わってくるのではないでしょうか。

さらに、今回の著者の中には、カウンセリングを専門としない心理学者も含まれています。おのおの専門的研究の中からわかってきた「やっかいごと」への対処法についても思う存分述べてもらいました。

手前味噌になりますが、基礎的分野から臨床（応用）の分野まで見通し、なおかつ広い読者層を対象としたカウンセリングのテキストづくりは、類書に例を見ない試みだと思います。

読者の方々の生活の一助として、ぜひともご活用いただけますと幸いです。

最後になりましたが、本書を企画したもう一つの理由は、私どもの所属する神戸松蔭女子学院大学人間科学部心理学科、および臨床心理士養成のための実習施設兼地域貢献の場である神戸松蔭こころのケア・センターが、二〇一六年三月をもって、節目の十五周年を終え、新たな出発点に立てたことへのお礼です。

言うまでもなく、この十五年間、学生や大学院生を始め、教職員、関係機関の皆様、等々には多大なるご支援を頂戴してまいりました。こうした皆様方へ、ささやかではありますが、私どもの学びをお礼の「記念本」として還元したいと考えてきました。今回、北大路書房の若森乾也さんから強力なバックアップをいただき、一冊のテキストとして上梓できましたことは望外の幸せです。

本書出版に陰に陽にご貢献いただいた皆様に心より感謝申し上げますとともに、今後とも変わらず、ご指導、ご鞭撻をお願いいたします。

二〇一六年六月

著者を代表して

神戸松蔭こころのケア・センター所長　安達　圭一郎

[1] J．カバットジン（著）春木　豊（訳）2007　マインドフルネスストレス低減法　北大路書房

待田　昌二（まちだ・しょうじ）
1990 年　大阪大学大学院人間科学研究科博士後期課程単位取得退学
現　在　神戸松蔭女子学院大学人間科学部心理学科教授（人間科学博士）
主著・論文　サルとヒトのエソロジー（共著）　培風館　1998 年
テキスト心理学―心の理解を求めて（共著）　ミネルヴァ書房　2000 年
▸ 執筆担当：第 4 章 2 節

久津木　文（くつき・あや）
2005 年　神戸大学大学院文化学研究科博士課程後期単位取得退学
現　在　神戸松蔭女子学院大学人間科学部心理学科准教授（学術博士）
主著・論文　Individual differences infants' interest in social signals in relation to developmental index.（共著） *Infant Behavior and Development*, **23**(Issue.4), 381-391. Elsevier　2009 年
バイリンガル児の語彙量と言語環境の変化についての予備的検討　神戸松蔭女子学院大学研究紀要言語科学研究所篇 , **14**, 15-22.　神戸松蔭学院大学学術研究会　2011 年
▸ 執筆担当：第 4 章 3 節

土肥　伊都子（どひ・いつこ）
1990 年　関西学院大学社会学研究科博士後期課程単位取得退学
現　在　神戸松蔭女子学院大学人間科学部心理学科教授（社会学博士）
主著・論文　ジェンダーに関する自己概念の研究―男性性・女性性の規定因とその機能　多賀出版　1999 年
Gender Personality in Japanese Society: the determinants of femininity/masculinity, mental health, female-male relationships, and cultural factors. Union Press.　2014 年
▸ 執筆担当：第 4 章 4 節

黒崎　優美（くろさき・ひろみ）

2008 年　神戸学院大学大学院人間文化学研究科人間行動論専攻博士後期課程修了
現　在　神戸松蔭女子学院大学人間科学部心理学科准教授（人間文化学博士）
神戸松蔭こころのケア・センター相談員（臨床心理士）
主著・論文　教師を目指す人のためのカウンセリング・マインド（共著）　昭和堂　2016 年
▶執筆担当：第 2 章 2 節，第 3 章 5 節，第 5 章 4 節

安達　圭一郎（あだち・けいいちろう）

2008 年　大分大学大学院医学系研究科博士課程修了
現　在　山口大学大学院医学系研究科保健学専攻教授（医学博士）
元 神戸松蔭こころのケア・センター相談員（臨床心理士）
主著・論文　エビデンスベイスト精神力動的心理療法ハンドブック—科学と臨床実践をつなぐ試み（編訳）　北大路書房　2012 年
不登校・引きこもりに効くブリーフセラピー（共著）　日本評論社　2016 年
▶執筆担当：第 2 章 3 節，第 3 章 1 節，第 3 章 4 節，第 5 章 1 節，あとがき

榊原　久直（さかきはら・ひさなお）

2015 年　大阪大学大学院人間科学研究科博士課程修了
現　在　神戸松蔭女子学院大学人間科学部心理学科講師（人間科学博士）
神戸松蔭こころのケア・センター相談員（臨床心理士）
主著・論文　前言語期の West 症候群のある子どもへの心理臨床的関わりへの一考察—関係発達臨床の視点から　心理臨床学研究 , **31**(3), 421-432.　2013 年
見失った子どもの心に触れる母親との面接過程—自閉症者を抱える養育者との親面接から考える Mentalization　大阪大学大学院人間科学研究科心理教育相談室紀要 , **21**, 3-10.　2015 年
▶執筆担当：第 2 章 6 節，第 3 章 3 節

藤本　浩一（ふじもと・こういち）

1981 年　京都大学大学院教育学研究科博士後期課程学修退学
現　在　神戸松蔭女子学院大学人間科学部子ども発達学科教授（教育学博士）
主著・論文　乳幼児期の自閉症スペクトラム障害—診断・アセスメント・療育（共著）　クリエイツかもがわ　2010 年
子どもの絵と対象の見え方の理解の発達　風間書房　2000 年
▶執筆担当：第 4 章 1 節

■ 執筆者紹介

大和田　攝子（おおわだ・せつこ）

2001 年　大阪大学大学院人間科学研究科博士後期課程修了

現　　在　神戸松蔭女子学院大学人間科学部心理学科教授（人間科学博士）

　　　　　神戸松蔭こころのケア・センター相談員（臨床心理士）

主著・論文　犯罪被害者遺族の心理と支援に関する研究　風間書房　2003 年

　　　　　遺族サポートグループにおける参加者の心理プロセスとその促進要因に関する質的研究（共著）　*Palliative Care Research*, **8**(2), 254-263.　2013 年

▶ 執筆担当：はじめに，第 2 章 5 節，第 3 章 6 節，第 5 章 2 節

坂本　真佐哉（さかもと・まさや）

1986 年　琉球大学法文学部社会学科心理学専攻卒業

現　　在　神戸松蔭女子学院大学人間科学部心理学科教授

　　　　　神戸松蔭こころのケア・センター相談員（臨床心理士，日本家族研究・家族療法学会認定スーパーヴァイザー）

主著・論文　認知行動療法とブリーフセラピーの接点（共著）　日本評論社　2014 年

　　　　　ナラティブ・セラピストになる―人生の物語を語る権利をもつのは誰か？（監訳）　北大路書房　2015 年

　　　　　家族療法の技法と実践―ナラティブ・セラピー　こころの科学 176 号特別企画「家族療法とブリーフセラピー」，25-29.　日本評論社　2014 年

　　　　　リフーミングで見方を変える―短所から長所へ　児童心理，**69**(7), 23-28.　金子書房　2015 年

▶ 執筆担当：第 1 章 1 節，第 2 章 4 節，第 3 章 2 節

中村　博文（なかむら・ひろぶみ）

1999 年　広島大学大学院教育学研究科教育心理学専攻博士課程後期単位修得退学

現　　在　神戸松蔭女子学院大学人間科学部心理学科准教授

　　　　　神戸松蔭こころのケア・センター相談員（臨床心理士）

主著・論文　心理臨床家アイデンティティの育成（共著）　創元社　2005 年

　　　　　自己を追いつめる青少年の心（共著）　北大路書房　2005 年

▶ 執筆担当：第 1 章 2 節，第 2 章 1 節，第 5 章 3 節

神戸松蔭女子学院大学人間科学部心理学科の
ショート・ショート・ストーリー

本学の心理学科は2001年に設置されました。臨床心理学に軸足を置きながら基礎心理学もバランスよく学べるカリキュラムを組み、教員構成は臨床心理士の資格をもつ教員６名と基礎系心理学の教員３名です。さらに2004年度からは大学院を設置し、臨床心理士の養成がスタートしました。

学内にある神戸松蔭こころのケア・センターは、2001年５月に早々と開設された心理相談機関で、年間の相談件数はのべ1000件以上にものぼります。教員スタッフの貴重な実践の場であるとともに大学院生にとって充実した実習施設となっております。地域に開かれた心理相談の他にも遺族支援の自助グループ「あゆみの会」や専門家が家族療法を学ぶ場である「神戸松蔭システムズアプローチ研究会」、さらにはボランティア活動の運営など社会への貢献に積極的に取り組んでいます。

心理学科の開設からは15年が経ち、心理学科の卒業生も1000名をゆうに超えるとともに臨床心理士の資格取得者も90名に達します。大学院修了後も研修できる研修生・研修員制度を整えているだけでなく、巣立った修了生の卒後研修会も毎年開催し、互いの成長を確認する機会としています。

よりよき社会を築くため、学科メンバーが一丸となって教育・臨床・研究・社会貢献活動に励んでいます。

暮《く》らしの中《なか》のカウンセリング入門《にゅうもん》
心の問題を理解するための最初歩

2016年7月20日　初版第1刷発行　　定価はカバーに表示
2017年6月20日　初版第2刷発行　　してあります

編　集　神戸松蔭女子学院大学
人間科学部心理学科
発行所　㈱北大路書房

〒603-8303　京都市北区紫野十二坊町12-8
電話　(075) 431-0361㈹
FAX　(075) 431-9393
振替　01050-4-2083

印刷・製本／創栄図書印刷㈱
検印省略　落丁・乱丁本はお取り替えいたします。
ISBN978-4-7628-2941-3　C0011　Printed in Japan